LE DIABLE BOITEUX.

BOULOGNE,

DE L'IMPRIMERIE DE LE ROY-BERGER.

LE
DIABLE BOITEUX,

AUGMENTÉ

DES BÉQUILLES

DU DIABLE BOITEUX,

PAR LESAGE.

TOME PREMIER.

A PARIS,

CHEZ C. C. LE TELLIER, BOULEVARD S.-ANTOINE, N° 71;

ET A BOULOGNE,

CHEZ LE ROY-BERGER, IMP.-LIBRAIRE, GRANDE RUE, N° 34.

1819.

NOTICE SUR LE SAGE.

> Rien n'est beau que le vrai,
> le vrai seul est aimable.
> BOILEAU.

LE roman de caractère, qui se rapproche beaucoup de la comédie, a été porté en France à un haut degré de perfection; c'est à LE SAGE qu'on en doit l'introduction dans notre littérature ; et l'immortel auteur de Gil Blas n'eût-il que ce titre à notre reconnoissance, cela auroit dû suffire pour que la plupart des biographes françois ne gardassent pas à son égard un honteux silence. (1)

---

(1) Voltaire même, si bien fait pour apprécier le mérite d'un homme tel que LE SAGE, en parle fort légèrement dans le catalogue des écrivains françois qui se trouve en tête de son siècle de Louis XIV; tandis qu'il rappelle dans ce catalogue et avec beaucoup de détails, des noms qui n'auroient jamais dû sortir de l'oubli dont il les a tirés.

Alain-René Le Sage naquit à Vannes, petite ville de la Bretagne, en 1668. Ainsi, il appartient aux dernières années de ce beau siècle, qui sembloit être destiné à donner à la France tous les genres de gloire et d'illustration. Il fut privé de bonne heure de ses parens, qui lui laissèrent une fortune assez considérable, et dont il ne jouit pas long-temps, parce qu'elle fut très-mal administrée par les personnes auxquelles on confia son enfance. A vingt ans, il lui restoit à peine les moyens d'exister. Il sentit dès ce moment le besoin de réparer les torts de la fortune par un travail assidu; et, après avoir produit dans la province quelques essais qui ne réussirent point, il vint s'établir à Paris.

Le goût de la littérature espagnole commençoit à se perdre: Le Sage pensa à le ranimer, en puisant dans une mine véritablement féconde, qui avoit fourni au grand Corneille le sujet de l'un de ses plus beaux ouvrages, et que Scarron et plusieurs autres écrivains avoient exploitée avec quelque succès. En homme de génie, il sut faire emploi de toutes les richesses que lui présentoit l'imagination des auteurs espagnols : mais l'imitation qu'il en fit put être considérée comme une véritable création, parce qu'il en rejeta tout ce qui étoit de mauvais goût, tout ce qui s'éloignoit de la vraisemblance, et que, prenant pour guides la nature et la vérité, il sut mieux que personne mettre en pratique ce précepte d'Horace, *utile dulci,* en amusant ses lecteurs et en les instruisant.

Dans tous les temps, le théâtre a été la première ressource des jeunes gens qui débutoient dans la carrière des lettres. Une comédie, même médiocre, fait plus connoître d'abord celui qui en est l'auteur, et lui procure souvent beaucoup plus d'avantages que tout autre écrit, quelque bon qu'il soit. LE SAGE commença par faire des comédies, dont il prit les sujets dans le théâtre espagnol : elles eurent peu de succès. On y remarqua cependant beaucoup d'esprit, des scènes bien tracées ; et il leur dût d'être attaché à l'entreprise du théâtre de la Foire, qui depuis devint célèbre sous le titre d'Opéra-Comique. Ce genre de spectacle étoit sans doute bien au-dessous du talent de LE SAGE ; mais il lui procuroit l'existence, et le mettoit dans la situation de s'occuper d'autres travaux.

Le premier ouvrage important qu'il mit au jour fut *le Diable Boiteux*, dont la littérature espagnole lui fournit l'idée principale. C'étoit la première fois qu'on voyoit paroître en France un roman de ce genre, et il fit époque. Jusqu'alors les romanciers n'avoient su qu'accumuler dans leurs foibles productions, des faits tragiques amenés sans nulle vraisemblance, des incidens merveilleux, tels que les temps fabuleux en fourniroient à peine de semblables. Le langage qu'ils avoient prêté à l'amour étoit celui d'une galanterie surannée, emphatique, dont Mlle Scudéri avoit donné le modèle. Enfin, pour comble de ridicule, ces romans, comme l'a très-bien dit l'auteur de la Henriade, *étoient de l'imagination en prose*. Une seule femme, Madame de La Fayette, avoit su vivement intéresser dans sa *Princesse de Clèves*, parce qu'elle s'étoit davantage rapprochée de la nature: mais ce n'étoit point encore là le véritable roman, le roman tel que LE SAGE et PRÉVOST nous l'ont montré depuis.

On doit juger d'après cela de l'impression que le *Diable Boiteux* fit sur le public. On y trouva, dans un cadre très-ingénieux, une peinture fidelle, naïve, de la société; des portraits, des caractères tracés avec autant de vérité que de talent; un fonds inépuisable d'esprit, de gaîté; un style simple, rapide, et dont la magie est telle qu'on croit converser avec chacun des personnages que l'auteur introduit sur la scène. Cet ouvrage eut un succès prodigieux, et l'on aperçut alors dans LeSage un homme qui avoit plus que de l'esprit. Mais la haute opinion qu'on avoit conçue de lui, s'accrut encore lorsqu'il fit paroître son *Gil Blas*, qui est le modèle du genre, et qui mit le sceau à sa réputation.

C'est dans cet excellent roman que l'imitation vraie de la nature, qui seule a du charme aux yeux des êtres raisonnables, fut portée à un degré que l'on n'atteindra peut-être jamais. Toutes les aventures de ce livre rentrent dans a sphère des événemens de la vie; l'homme y est pris dans toutes les conditions, et l'auteur a su descendre avec un art admirable jusques dans les plus profonds replis de son cœur, et le mettre à nu, s'il est permis de s'exprimer ainsi. Quelle étonnante variété dans les caractères, quelle finesse et quelle naïveté à-la-fois dans l'observation des vices et des ridicules ! quelle verve et quelle éloquence dans le style ! Après avoir lu *Gil Blas*, on se dit que LE SAGE est pour le roman ce que MOLIÈRE est pour la comédie. Tous les deux produisent la même illusion, parceque tous les deux ont écrit sous la dictée de la nature et de la vérité. Plusieurs écrivains célèbres ont mis *Gil Blas* au-dessus de *Don Quichotte* ; et cette opinion paroît juste lorsqu'on vient à remarquer que Cervantes n'a peint, d'une manière supérieure à la vérité, qu'un ridicule particulier à la nation espagnole, et qui n'existe plus, tandis que LE SAGE a écrit pour tous les lieux, pour tous les temps, et a retracé des événemens et des mœurs qui se retrouveront toujours. Chez toutes les nations européennes, cet ouvrage a obtenu le plus grand succès. Les Anglois, qui se connoissent en romans, en font la plus grande estime. On a sans doute lieu d'être étonné, lorsqu'en parlant de LE SAGE et de son *Gil Blas*, VOLTAIRE s'est borné à dire : « *Ce roman est demeuré, parce* » *qu'il y a du naturel. Il est entière-* » *ment pris du roman espagnol intitulé:* » *La Viedad de lo escudiero dom Marcos* » *d'Obrego.*(1) » On conviendra que c'est traiter beaucoup trop cavalièrement un homme qui est le premier dans son genre, et qui honore la France : d'ailleurs, il est contraire à la vérité de prétendre que *Gil Blas* est entièrement pris du roman espagnol. LE SAGE n'a fait qu'imiter; il a modifié, embelli l'original de manière à en faire un ouvrage totalement neuf; et il a bien moins dû à *la vie de dom Marcos d'Obrego* que VOLTAIRE n'a dû à *l'Œdipe* de Sophocle.

---

(1) Siècle de Louis XIV, tome 1ᵉʳ, article SAGE (le).

Le Sage est auteur de plusieurs autres romans, parmi lesquels on remarque *Gusman d'Alfarache* et *le Bachelier de Salamanque*, qui, sans valoir *le Diable Boiteux* et surtout *Gil Blas*, sont cependant remplis d'interêt, de finesse et de gaîté. Les nouvelles aventures de *don Quichotte*, et *Estevanille*, productions de la vieillesse de l'auteur, ne sont point dignes de sa réputation. On sent en les lisant qu'il étoit parvenu à ce terme où tout écrivain qui ne veut pas se mettre au-dessous de lui-même, doit déposer sa plume.

La belle comédie de *Turcaret*, dans laquelle Le Sage, avec cette vérité de couleur qui est le propre de son talent, a peint l'insolence des parvenus, ajoute encore à sa gloire. Il a signalé dans cette pièce tous les vices de l'homme corrompu par les richesses, toutes les ruses que la coquetterie emploie pour lever des tributs sur l'opulence imbécille, avec ce *vis comica* qu'avant lui MOLIÈRE avoit seul possédé.

LE SAGE n'étoit pas seulement un homme de génie, mais il étoit encore un homme aimable, simple, modeste, et de mœurs très-pures. Il s'étoit marié par amour avec une femme qui lui donna plusieurs enfans et le rendit très-heureux. Son esprit, aussi profond qu'agréable; sa figure, aussi intéressante qu'expressive, ses succès littéraires, auroient pu le mener à une grande fortune s'il avoit eu dans le caractère moins de dignité, de noblesse et d'indépendance. Nous citerons ici une anecdote qui prouvera jusqu'à quel point il étoit étranger à la flatterie et fuyoit la protection des grands. De son tems, il étoit de mode que les gens de qualité tinssent chez eux un bureau d'esprit; et madame la princesse de Bouillon fit prier LE SAGE de lui donner lecture dans son hôtel de la comédie de *Turcaret*. Le jour fut pris : la lecture devoit se faire à midi; mais LE SAGE n'arriva qu'une heure plus tard, parce qu'il avoit été obligé d'assister au jugement d'un procès d'où dépendoit une partie de sa fortune, et qu'il avoit eu le malheur de perdre : il fit ses excuses, raconta sa disgrâce. On le reçut avec hauteur : on alla même jusqu'à lui dire qu'il étoit d'une extrême indécence qu'il eût fait attendre si long-tems…. « Madame, » dit LE SAGE (en ne laissant point continuer cette leçon), je vous ai fait perdre » une heure, vous allez la regagner; » car, avec tout le respect que je vous » dois, je vous jure que je n'aurai pas » l'honneur de vous lire ma comédie. » Il salua profondément, se retira de suite, et ce fut en vain qu'on essaya de le ramener.

Dans un âge déjà très-avancé, la perte de l'un de ses fils, qui lui causa beaucoup de chagrin, l'engagea à quitter Paris, et à se retirer avec son épouse chez le second de ses enfans, qui étoit chanoine à Boulogne-sur-mer. Il vécut plusieurs années dans cette ville, où l'on voit encore la petite maison qu'il habitoit. Plusieurs amis des lettres ont souvent émis le vœu qu'on plaçât au-dessus de la porte de cette maison une simple inscription qui rappelât aux étrangers qu'elle fut la demeure de l'auteur de *Gil Blas*. C'est dans cette retraite qu'il mourut le 17 novembre 1747.

Le Boulonnois était alors commandé par M. le comte de Tressan, dont les ouvrages et les vertus sont connus de tout le monde. Cet officier-général assista avec tous ceux qui étoient sous ses ordres à l'enterrement de LE SAGE, et rendit un hommage public aux cendres d'un auteur que la France compte au nombre de ses meilleurs écrivains.

P. HÉDOUIN.

LE DIABLE BOITEUX.

CHAPITRE PREMIER.

Quel diable c'est que le Diable boiteux. Où et par quel hasard don Cleophas Leandro Perez Zambullo fit connoissance avec lui.

Une nuit du mois d'octobre couvroit d'épaisses ténèbres la célèbre ville de Madrid : déjà le peuple, retiré chez lui, laissoit les rues libres aux amants qui vouloient chanter leurs peines ou leurs plaisirs sous les balcons de leurs maîtresses ; déjà le son des guitares causoit de l'inquiétude aux pères, et alarmoit les maris jaloux ; enfin, il étoit près de minuit, lorsque don Cleophas Leandro Perez Zambullo, écolier d'Alcala, sortit brusquement par une lucarne d'une maison où le fils indiscret de la déesse de Cythère l'avoit fait entrer. Il tâchoit de conserver sa vie et son honneur, en s'efforçant d'échapper à trois ou quatre spadassins qui le suivoient de près pour le tuer, ou pour lui faire épouser par force une dame avec laquelle ils venoient de le surprendre.

Quoique seul contre eux, il s'étoit défendu vaillamment, et il n'avoit pris la fuite que parce qu'ils lui avoient enlevé son épée dans le combat. Ils le poursuivirent quelque temps sur les toits; mais il trompa leur poursuite à la faveur de l'obscurité. Il marcha vers une lumière qu'il aperçut de loin, et qui, toute foible qu'elle étoit, lui servit de fanal dans une conjoncture si périlleuse. Après avoir plus d'une fois couru risque de se rompre le cou, il arriva près d'un grenier d'où sortoient les rayons de cette lumière, et il entra dedans par la fenêtre, aussi transporté de joie qu'un pilote qui voit heureusement surgir au port son vaisseau menacé du naufrage.

Il regarda d'abord de toutes parts; et fort étonné de ne trouver personne dans ce galetas, qui lui parut un appartement assez singulier, il se mit à le considérer avec beaucoup d'attention. Il vit une lampe de cuivre attachée au plafond, des livres et des papiers en confusion sur une table, une sphère et des compas d'un côté, des fioles et des cadrans de l'autre : ce qui lui fit juger qu'il demeuroit au-dessous quelque astrologue qui venoit faire ses observations dans ce réduit.

Il rêvoit au péril que son bonheur lui avoit fait éviter, et délibéroit en lui-même s'il demeureroit là jusqu'au lendemain, ou s'il prendroit un autre parti, quand il entendit pousser un long soupir auprès de lui. Il s'imagina d'abord que c'étoit quelque fantôme de son esprit agité, une illusion de la nuit; c'est pourquoi, sans s'y arrêter, il continua ses réflexions.

Mais ayant ouï soupirer pour la seconde fois, il ne douta plus que ce ne fût une chose réelle; et bien qu'il ne vît personne dans la chambre, il ne laissa pas de s'écrier : Qui diable soupire ici ? C'est moi, seigneur écolier, lui répondit aussitôt une voix qui avoit quelque chose d'extraordinaire ; je suis depuis six mois dans une de ces fioles bouchées. Il loge en cette maison un savant astrologue, qui est magicien : c'est lui qui, par le pouvoir de son art, me tient enfermé dans cette étroite prison. Vous êtes donc un esprit, dit don Cleophas un peu troublé de la nouveauté de l'aventure. Je suis un démon, repartit la voix ; vous venez ici fort à propos pour me tirer d'esclavage. Je languis dans l'oisiveté, car je suis le diable de l'enfer le plus vif et le plus laborieux.

Ces paroles causèrent quelque frayeur au seigneur Zambullo ; mais comme il étoit naturellement courageux, il se rassura, et dit d'un ton ferme à l'esprit. Seigneur Diable, apprenez-moi, s'il vous plaît, quel rang vous tenez parmi vos confrères, si vous êtes un démon noble ou roturier. Je suis un diable d'importance, répondit la voix, et celui de tous qui a le plus de réputation dans l'un et l'autre monde. Seriez-vous par hasard, répliqua don Cleophas, le démon qu'on appelle Lucifer ? Non, repartit l'esprit; c'est le diable des charlatans. Êtes-vous Uriel? reprit l'écolier. Fi donc, interrompit brusquement la voix; c'est le patron des marchands, des tailleurs, des bouchers, des boulangers, et des autres voleurs du tiers-état. Vous êtes peut-être Belzébut, dit Leandro. Vous moquez-vous? dit l'esprit; c'est le démon des duègnes et des écuyers. Cela m'étonne, dit Zambullo; je croyois Belzébut un des plus grands personnages de votre compagnie. C'est un de ses moindres sujets, repartit le démon : vous n'avez pas des idées justes de notre enfer.

Il faut donc, reprit don Cleophas, que vous soyez Léviathan, Belphégor, ou Astarot. Oh! pour ces trois-là, ce sont des diables du premier ordre; ce sont des esprits de cour. Ils entrent dans les conseils des princes, animent les ministres, forment les ligues, excitent les soulèvemens dans les états, et allument les flambeaux de la guerre. Ce ne sont point là des maroufles, comme les premiers que vous avez nommés. Eh! dites-moi, je vous prie, répliqua l'écolier, quelles sont les fonctions de Flagel? Il est l'ame de la chicane et l'esprit du barreau, repartit le démon. C'est lui qui a composé le protocole des huissiers et des notaires. Il inspire les plaideurs, possède les avocats, et obsède les juges.

Pour moi j'ai d'autres occupations : je fais des mariages ridicules; j'unis des barbons avec des mineures, des maîtres avec leurs servantes, des filles mal dotées avec de tendres amans qui n'ont point de fortune. C'est moi qui ai introduit dans le monde le luxe, la débauche, les jeux de hasard et la chimie. Je suis l'inventeur des carrousels, de la danse, de la musique, de la comédie, et de toutes les modes nouvelles de France. En un mot je m'appelle Asmodée, surnommé le Diable boiteux.

Eh! quoi, s'écria don Cleophas, vous seriez ce fameux Asmodée dont il est fait une si glorieuse mention dans Agrippa et dans la clavicule de Salomon? Ah! vraiment vous ne m'avez pas dit tous vos amusemens; vous avez oublié le meilleur. Je sais que vous

vous divertissez quelquefois à soulager les amans malheureux ; à telles enseignes que, l'année passée, un bachelier de mes amis obtint, par votre secours, dans la ville d'Alcala, les bonnes graces de la femme d'un docteur de l'université. Cela est vrai, dit l'esprit ; je vous gardois celui-là pour le dernier. Je suis le démon de la luxure, ou, pour parler plus honorablement, le Dieu Cupidon ; car les poëtes m'ont donné ce joli nom, et ces messieurs me peignent fort avantageusement. Ils disent que j'ai des ailes dorées, un bandeau sur les yeux, un arc à la main, un carquois plein de flèches sur les épaules, et avec cela une beauté ravissante. Vous allez voir tout à l'heure ce qui en est, si vous voulez me mettre en liberté.

Seigneur Asmodée, répliqua Leandro Perez, il y a long-temps, comme vous savez, que je vous suis entièrement dévoué : le péril que je viens de courir en peut faire foi. Je suis bien aise de trouver l'occasion de vous servir ; mais le vase qui vous recèle est sans doute un vase enchanté : je tenterois vainement de le déboucher, ou de le briser : ainsi je ne sais pas trop bien de quelle manière je pourrai vous délivrer de prison. Je n'ai pas un grand usage de ces sortes de délivrances; et entre nous, si tout fin diable que vous êtes vous ne sauriez vous tirer d'affaire; comment un chétif mortel en pourra-t-il venir à bout? Les hommes ont ce pouvoir, répondit le démon. La fiole où je suis retenu n'est qu'une simple bouteille de verre, facile à briser. Vous n'avez qu'à la prendre et qu'à la jeter par terre, j'apparoîtrai tout aussitôt en forme humaine. Sur ce pied-là, dit l'écolier, la chose est plus aisée que je ne pensois. Apprenez-moi donc dans quelle fiole vous êtes; j'en vois un assez grand nombre de pareilles, et je ne puis la démêler. C'est la quatrième du côté de la fenêtre, répliqua l'esprit. Quoique l'empreinte d'un cachet magique soit sur le bouchon, la bouteille ne laissera pas de se casser.

Cela suffit, reprit don Cleophas. Je suis prêt à faire ce que vous souhaitez; il n'y a plus qu'une petite difficulté qui m'arrête : quand je vous aurai rendu le service dont il s'agit, je crains de payer les pots cassés. Il ne vous arrivera aucun malheur, repartit le démon ; au contraire, vous serez content de ma reconnoissance. Je vous apprendrai tout ce que vous voudrez savoir; je vous instruirai de tout ce qui se passe dans le monde; je vous découvrirai les défauts des hommes ; je serai votre démon tutélaire; et, plus éclairé que le génie de Socrate, je prétends vous rendre encore plus savant que ce grand philosophe. En un mot je me donne à vous avec mes bonnes et mauvaises qualités; elles ne vous seront pas moins utiles les unes que les autres.

Voilà de belles promesses, répliqua l'écolier ; mais vous autres messieurs les diables, on vous accuse de n'être pas fort religieux à tenir ce que vous nous promettez. Cette accusation n'est pas sans fondement, repartit Asmodée : la plupart de mes confrères ne se font pas un scrupule de vous manquer de parole. Pour moi, outre que je ne puis trop payer le service que j'attends de vous, je suis esclave de mes serments; et je vous jure par tout ce qui les rend inviolables, que je ne vous tromperai point. Comptez sur l'assurance que je vous en donne; et, ce qui doit vous être bien agréable, je m'offre à vous venger, dès cette nuit, de doña Thomasa, de cette perfide dame qui avoit caché chez elle quatre scélérats pour vous surprendre et vous forcer à l'épouser.

Le jeune Zambullo fut particulièrement charmé de cette dernière promesse. Pour en avancer l'accomplissement, il se hâta de prendre la fiole où étoit l'esprit; et, sans s'embarrasser davantage de ce qu'il en pourroit arriver, il la laissa tomber rudement. Elle se brisa en mille pièces, et inonda le plancher d'une liqueur noirâtre, qui s'évapora peu à peu, et se convertit en une fumée, laquelle, venant à se dissiper tout à coup, fit voir à l'écolier surpris une figure d'homme en manteau, de la hauteur d'environ deux pieds et demi, appuyé sur deux béquilles. Ce petit monstre boiteux avoit des jambes de bouc, le visage long, le menton pointu, le teint jaune et noir, le nez fort écrasé; ses yeux, qui paroissoient très-petits, ressembloient à deux charbons allumés; sa bouche, excessivement fendue, étoit surmontée de deux crocs de moustache rousse, et bordée de deux lippes sans pareilles.

Ce gracieux Cupidon avoit la tête enveloppée d'une espèce de turban de crépon rouge, relevé d'un bouquet de plumes de coq et de paon. Il portoit au cou un large collet de toile jaune, sur lequel étoient dessinés divers modèles de colliers et de pendants d'oreilles. Il étoit revêtu d'une robe courte de satin blanc, ceinte par le milieu d'une large bande de parchemin vierge, toute marquée de caractères talismaniques. On voyoit peints sur cette robe plusieurs corps à l'usage des dames, très-avantageux pour la gorge, des écharpes, des tabliers bigarrés, et des coiffures nouvelles, toutes plus extravagantes les unes que les autres.

Mais tout cela n'étoit rien en comparaison de son manteau, dont le fond étoit aussi de satin blanc. Il y avoit dessus une infinité de figures peintes à l'encre de la Chine, avec une si grande liberté de pinceau, et des expressions si fortes, qu'on jugeoit bien qu'il falloit que le diable s'en fût mêlé. On y remarquoit, d'un côté, une dame espagnole couverte de sa mante, qui agaçoit un étranger à la promenade; et de l'autre, une dame françoise qui étudioit dans un miroir de nouveaux airs de visage, pour les essayer sur un jeune abbé qui paroissoit à la portière de sa chambre avec des mouches et du rouge. Ici, des cavaliers italiens chantoient et jouoient de la guitare sous les balcons de leurs maîtresses; et là, des Allemands déboutonnés, tout en désordre, plus pris de vin et plus barbouillés de tabac que des petits-maîtres françois, entouroient une table inondée des débris de leur débauche. On apercevoit dans un endroit un seigneur musulman sortant du bain, et environné de toutes les femmes de son sérail, qui s'empressoient à lui rendre leurs services; on découvroit dans un autre un gentilhomme anglois qui présentoit galamment à sa dame une pipe et de la bière.

On y démêloit aussi des joueurs merveilleusement bien représentés ; les uns, animés d'une joie vive, remplissoient leurs chapeaux de pièces d'or et d'argent, et les autres, ne jouant plus que sur leur parole, lançoient au ciel des regards sacriléges, en mangeant leurs cartes de désespoir. Enfin l'on y voyoit autant de choses curieuses que sur l'admirable bouclier que le dieu Vulcain fit à la prière de Thétis : mais il y avoit cette différence entre les ouvrages de ces deux boiteux, que les figures du bouclier n'avoient aucun rapport aux exploits d'Achille, et qu'au contraire, celles du manteau étoient autant de vives images de tout ce qui se fait dans le monde par la suggestion d'Asmodée.

CHAPITRE II.

Suite de la délivrance d'Asmodée.

CE démon s'apercevant que sa vue ne prévenoit pas en sa faveur l'écolier, lui dit en souriant : hé bien, seigneur don Cleophas Leandro Perez Zambullo, vous voyez le charmant dieu des amours, ce souverain maître des cœurs. Que vous semble de mon air et de ma beauté ? Les poëtes ne sont-ils pas d'excellens peintres ? Franchement, répondit don Cleophas, ils sont un peu flatteurs. Je crois que vous ne parûtes pas sous ces traits devant Psyché. Oh! pour cela non, repartit le Diable ; j'empruntai ceux d'un petit marquis françois, pour me faire aimer brusquement. Il faut bien couvrir le vice d'une apparence agréable, autrement il ne plairoit pas. Je prends toutes les formes que je veux, et j'aurois pu me montrer à vos yeux sous un plus beau corps fantastique ; mais, puisque je me suis donné tout à vous, et que

CHAPITRE II.

j'ai dessein de ne vous rien déguiser, j'ai voulu que vous me vissiez sous la figure la plus convenable à l'opinion qu'on a de moi et de mes exercices.

Je ne suis pas surpris, dit Leandro, que vous soyez un peu laid; pardonnez, s'il vous plaît, le terme; le commerce que nous allons avoir ensemble demande de la franchise. Vos traits s'accordent fort mal avec l'idée que j'avois de vous; mais apprenez-moi, de grace, pourquoi vous êtes boiteux.

C'est, répondit le démon, pour avoir eu autrefois en France un différend avec Pillardoc, le diable de l'intérêt. Il s'agissoit de savoir qui de nous deux posséderoit un jeune Manceau qui venoit à Paris chercher fortune. Comme c'étoit un excellent sujet, un garçon qui avoit de grands talens, nous nous en disputâmes vivement la possession. Nous nous battîmes dans la moyenne région de l'air. Pillardoc fut le plus fort, et me jeta sur la terre, de la même façon que Jupiter, à ce que disent les poëtes, culbuta Vulcain. La conformité de ces aventures fut cause que mes camarades me surnommèrent le Diable boiteux. Ils me donnèrent en raillant ce sobriquet, qui m'est resté depuis ce temps-là Néanmoins, tout estropié que je suis, je ne laisse pas d'aller bon train. Vous serez témoin de mon agilité.

Mais, ajouta-t-il, finissons cet entretien. Hâtons-nous de sortir de ce galetas. Le magicien y va bientôt monter, pour travailler à l'immortalité d'une belle Sylphide, qui le vient trouver ici toutes les nuits. S'il nous surprenoit, il ne manqueroit pas de me remettre en bouteille, et il pourroit bien vous y mettre aussi. Jetons auparavant par la fenêtre les morceaux de la fiole brisée, afin que l'enchanteur ne s'aperçoive pas de mon élargissement.

Quand il s'en apercevroit après notre départ, dit Zambullo, qu'en arriveroit-il? Ce qu'il en arriveroit? répondit le boiteux : il paroît bien que vous n'avez pas lu le livre de la contrainte. Quand j'irois me cacher aux extrémités de la terre, ou de la région qu'habitent les Salamandres enflammés;

quand je descendrois chez les Gnomes, ou dans les plus profonds abîmes des mers, je n'y serois point à couvert de son ressentiment. Il feroit des conjurations si fortes, que tout l'enfer en trembleroit. J'aurois beau vouloir lui désobéir, je serois obligé de paroître, malgré moi, devant lui, pour subir la peine qu'il voudroit m'imposer.

Cela étant, reprit l'écolier, je crains fort que notre liaison ne soit pas de longue durée : ce redoutable nécromancien découvrira bientôt votre fuite. C'est ce que je ne sais point, répliqua l'esprit, parce que nous ne savons pas ce qui doit arriver. Comment, s'écria Leandro Perez, les démons ignorent l'avenir ? Assurément, repartit le Diable ; les personnes qui se fient à nous là-dessus sont de grandes dupes. C'est ce qui fait que les devins et les devineresses disent tant de sottises, et en font tant faire aux femmes de qualité qui vont les consulter sur les événemens futurs. Nous ne savons que le passé et le présent. J'ignore donc si le magicien s'apercevra bientôt de mon absence ; mais j'espère que non. Il y a plusieurs fioles semblables à celle où j'étois enfermé : il ne soupçonnera pas qu'elle y manque. Je vous dirai de plus que je suis dans son laboratoire comme un livre de droit dans la bibliothèque d'un financier : il ne pense point à moi ; et quand il y penseroit, il ne me fait jamais l'honneur de m'entretenir : c'est le plus fin enchanteur que je connoisse. Depuis le temps qu'il me tient prisonnier, il n'a pas daigné me parler une seule fois.

Quel homme ! dit don Cleophas. Qu'avez-vous donc fait pour vous attirer sa haine ? J'ai traversé un de ses desseins, repartit Asmodée. Il y avoit une place vacante dans certaine académie : il prétendoit qu'un de ses amis l'eût ; je voulois la faire donner à un autre : le magicien fit un talisman composé des plus puissants caractères de la cabale ; moi je mis mon homme au service d'un grand ministre, dont le nom l'emporta sur le talisman.

Après avoir parlé de cette sorte, le démon ramassa toutes les pièces de la fiole cassée, et les jeta par la fenêtre. Seigneur Zambullo, dit-il ensuite à l'écolier, sauvons-nous au plus vite : prenez le bout de mon manteau, et ne craignez rien. Quelque périlleux que parût ce parti à don Cleophas, il aima mieux l'accepter que de demeurer exposé au ressentiment du magicien ; et il s'accrocha le mieux qu'il put au Diable, qui l'emporta dans le moment.

CHAPITRE III.

Dans quel endroit le Diable boiteux transporta l'écolier, et des premières choses qu'il lui fit voir.

Asmodée n'avoit pas vanté sans raison son agilité. Il fendit l'air comme une flèche décochée avec violence, et s'alla percher sur la tour de San-Salvador. Dès qu'il eut pris pied, il dit à son compagnon : Hé bien, seigneur Leandro, quand on dit d'une rude voiture que c'est une voiture de diable, n'est-il pas vrai que cette façon de parler est fausse ? Je viens d'en vérifier la fausseté, répondit poliment Zambullo. Je puis assurer que c'est une voiture plus douce qu'une litière, et avec cela si diligente, qu'on n'a pas le temps de s'ennuyer sur la route.

Oh çà, reprit le démon, vous ne savez pas pourquoi je vous amène ici : je prétends vous montrer tout ce qui se passe dans Madrid ; et comme je veux débuter par ce quartier-ci, je ne pouvois choisir un endroit plus propre à l'exécution de mon dessein. Je vais, par mon pouvoir diabolique, enlever les toits des maisons; et, malgré les ténèbres de la nuit, le dedans va se découvrir à vos yeux. A ces mots, il ne fit simplement qu'étendre le bras droit, et aussitôt tous les toits disparurent. Alors l'écolier vit, comme en plein midi, l'intérieur des maisons, de même, dit * Luis Velez de Guevara, qu'on voit le dedans d'un pâté dont on vient d'ôter la croûte.

Le spectacle étoit trop nouveau pour ne pas attirer son attention tout entière. Il promena sa vue de toutes parts; et la diversité des choses qui l'environnoient eut de quoi

---

* L'auteur du Diable boiteux espagnol.

occuper long-temps sa curiosité. Seigneur don Cleophas, lui dit le Diable, cette confusion d'objets que vous regardez avec plaisir est, à la vérité, très-agréable à contempler; mais ce n'est qu'un amusement frivole. Il faut que je vous le rende utile; et pour vous donner une parfaite connoissance de la vie humaine, je veux vous expliquer ce que font toutes ces personnes que vous voyez. Je vais vous découvrir les motifs de leurs actions, et vous révéler jusqu'à leurs plus secrètes pensées.

Par où commencerons-nous ? Observons d'abord, dans cette maison à main droite, ce vieillard qui compte de l'or et de l'argent. C'est un bourgeois avare. Son carrosse, qu'il a eu presque pour rien à l'inventaire d'un alcade de Corte, est tiré par deux mauvaises mules qui sont dans son écurie, et qu'il nourrit suivant la loi des douze tables, c'est-à-dire, qu'il leur donne tous les jours à chacune une livre d'orge; il les traite comme les Romains traitoient leurs esclaves. Il y a deux ans qu'il est revenu des Indes, chargé d'une grande quantité de lingots, qu'il a changés en espèces. Admirez ce vieux fou; avec quelle satisfaction il parcourt des yeux ses richesses : il ne peut s'en rassasier. Mais prenez garde en même temps à ce qui se passe dans une petite salle de la même maison. Y remarquez-vous deux jeunes garçons avec une vieille femme? Oui, répondit Cleophas. Ce sont apparemment ses enfants? Non, reprit le Diable; ce sont ses neveux qui doivent en hériter, et qui, dans l'impatience où ils sont de partager ses dépouilles, ont fait venir secrètement une sorcière pour savoir d'elle quand il mourra.

J'aperçois dans la maison voisine deux tableaux assez plaisants. L'un est une coquette surannée qui se couche après avoir laissé ses cheveux, ses sourcils et ses dents sur sa toilette; l'autre, un galant sexagénaire qui revient de faire l'amour. Il a déjà ôté son œil et sa moustache postiches, avec sa perruque qui cachoit une tête chauve. Il attend que son valet lui ôte son bras et sa jambe de bois, pour se mettre au lit avec le reste.

CHAPITRE III.

Si je m'en fie à mes yeux, dit Zambullo, je vois dans cette maison une grande et jeune fille faite à peindre. Qu'elle a l'air mignon ! Hé bien, reprit le boiteux, cette jeune beauté qui vous frappe est sœur aînée de ce galant qui va se coucher. On peut dire qu'elle fait la paire avec la vieille coquette qui loge avec elle. Sa taille, que vous admirez, est une machine qui a épuisé les mécaniques ; sa gorge et ses hanches sont artificielles, et il n'y a pas long-temps qu'étant allée au sermon elle laissa tomber ses fesses dans l'auditoire. Néanmoins, comme elle se donne un air de mineure, il y a deux jeunes cavaliers qui se disputent ses bonnes graces. Ils en sont même venus aux mains pour elle. Les enragés ! Il me semble que je vois deux chiens qui se battent pour un os.

Riez avec moi de ce concert qui se fait assez près de là dans une maison bourgeoise, sur la fin d'un souper de famille. On y chante des cantates. Un vieux jurisconsulte en a fait la musique, et les paroles sont d'un alguazil* qui fait l'aimable, d'un fat qui

* Un alguazil est ce que sont en France les commissaires, excepté qu'il porte l'épée.

compose des vers pour son plaisir, et pour le supplice des autres. Une cornemuse et une épinette forment la symphonie; un grand flandrin de chantre à voix claire fait le dessus, et une jeune fille, qui a la voix fort grosse, fait la basse. Oh la plaisante chose! s'écria don Cleophas en riant : quand on voudroit donner exprès un concert ridicule, on n'y réussiroit pas si bien.

Jetez les yeux sur cet hôtel magnifique, poursuivit le démon; vous y verrez un seigneur couché dans un superbe appartement. Il a près de lui une cassette remplie de billets doux. Il les lit pour s'endormir voluptueusement, car ils sont d'une dame qu'il adore, et qui lui fait faire tant de dépense, qu'il sera bientôt réduit à solliciter une vice-royauté.

Si tout repose dans cet hôtel, si tout y est tranquille, en récompense on se donne bien du mouvement dans la maison prochaine à main gauche. Y démêlez-vous une dame dans un lit de damas rouge? C'est une personne de condition. C'est dona Fabula qui

CHAPITRE III.

vient d'envoyer chercher une sage-femme, et qui va donner un héritier au vieux don Torribio, son mari, que vous voyez auprès d'elle. N'êtes-vous pas charmé du bon naturel de cet époux? Les cris de sa chère moitié lui percent l'ame : il est pénétré de douleur, il souffre autant qu'elle. Avec quel soin et quelle ardeur il s'empresse à la secourir! Effectivement, dit Leandro, voilà un homme bien agité; mais j'en aperçois un autre qui paroît dormir d'un profond sommeil dans la même maison, sans se soucier du succès de l'affaire. La chose doit pourtant l'intéresser, reprit le boiteux, puisque c'est un domestique qui est la cause première des douleurs de sa maîtresse.

Regardez un peu au-delà, continua-t-il, et considérez dans une salle basse cet hypocrite qui se frotte de vieux-oing pour aller à une assemblée de sorciers qui se tient cette nuit entre Saint-Sébastien et Fontarabie. Je vous y porterois tout à l'heure pour vous donner cet agréable passe-temps, si je ne craignois d'être reconnu du démon qui fait le bouc à cette cérémonie.

Ce diable et vous, dit l'écolier, vous n'êtes donc pas bons amis? Non parbleu, reprit Asmodée. C'est ce même Pillardoc dont je vous ai parlé. Ce coquin me trahiroit : il ne manqueroit pas d'avertir de ma fuite mon magicien. Vous avez eu peut-être encore quelque démêlé avec ce Pillardoc? Vous l'avez dit, reprit le démon : il y a deux ans que nous eûmes ensemble un nouveau différend pour un enfant de Paris qui songeoit à s'établir. Nous prétendions tous deux en disposer; il en vouloit faire un commis, j'en voulois faire un homme à bonne fortune; nos camarades en firent un mauvais moine pour finir la dispute. Après cela on nous réconcilia; nous nous embrassâmes, et depuis ce temps-là nous sommes ennemis mortels.

Laissons là cette belle assemblée, dit don Cleophas; je ne suis nullement curieux de m'y trouver : continuons plutôt d'examiner ce qui se présente à notre vue. Que signifient ces étincelles de feu qui sortent de cette cave? C'est une des plus folles occupations des hommes, répondit le Diable. Ce personnage

CHAPITRE III.

qui, dans cette cave, est auprès de ce fourneau embrasé, est un souffleur : le feu consume peu à peu son riche patrimoine, et il ne trouvera jamais ce qu'il cherche. Entre nous, la pierre philosophale n'est qu'une belle chimère, que j'ai moi-même forgée pour me jouer de l'esprit humain, qui veut passer les bornes qui lui ont été prescrites.

Ce souffleur a pour voisin un bon apothicaire, qui n'est pas encore couché. Vous le voyez qui travaille dans sa boutique avec son épouse surannée et son garçon. Savez-vous ce qu'ils font ? Le mari compose une pilule prolifique pour un vieil avocat qui doit se marier demain ; le garçon fait une tisane laxative, et la femme pile dans un mortier des drogues astringentes.

J'aperçois dans la maison qui fait face à celle de l'apothicaire, dit Zambullo, un homme qui se lève et s'habille à la hâte. Malepeste ! répondit l'esprit, c'est un médecin qu'on appelle pour une affaire bien pressante. On vient le chercher de la part d'un prélat qui, depuis une heure qu'il est au lit, a toussé deux ou trois fois.

Portez la vue au-delà, sur la droite, et tâchez de découvrir dans un grenier un homme qui se promène en chemise, à la sombre clarté d'une lampe. J'y suis, s'écria l'écolier, à telles enseignes, que je ferois l'inventaire des meubles qui sont dans ce galetas : il n'y a qu'un grabat, un placet et une table, et les murs me paroissent tout barbouillés de noir. Le personnage qui loge si haut est un poëte, reprit Asmodée; et ce qui vous paroît noir, ce sont des vers tragiques de sa façon dont il a tapissé sa chambre, étant obligé, faute de papier, d'écrire ses poëmes sur le mur.

A le voir s'agiter et se démener comme il fait en se promenant, dit don Cleophas, je juge qu'il compose quelque ouvrage d'importance. Vous n'avez pas tort d'avoir cette pensée, répliqua le boiteux : il mit hier la dernière main à une tragédie intitulée *le Déluge universel*. On ne sauroit lui reprocher qu'il n'a point observé l'unité de lieu, puisque toute l'action se passe dans l'arche de Noé.

CHAPITRE III.

Je vous assure que c'est une pièce excellente ; toutes les bêtes y parlent comme des docteurs. Il a dessein de la dédier ; il y a six heures qu'il travaille à l'épître dédicatoire ; il en est à la dernière phrase en ce moment. On peut dire que c'est un chef-d'œuvre que cette dédicace : toutes les vertus morales et politiques, toutes les louanges qu'on peut donner à un homme illustre par ses ancêtres et par lui-même, n'y sont point épargnées ; jamais auteur n'a tant prodigué l'encens. A qui prétend-il adresser une éloge si magnifique? reprit l'écolier. Il n'en sait rien encore, repartit le Diable ; il a laissé le nom en blanc. Il cherche quelque riche seigneur qui soit plus libéral que ceux à qui il a déjà dédié d'autres livres ; mais les gens qui paient des épîtres dédicatoires sont bien rares aujourd'hui : c'est un défaut dont les seigneurs se sont corrigés ; et par là ils ont rendu un grand service au public, qui étoit accablé de pitoyables productions d'esprit, attendu que la plupart des livres ne se faisoient autrefois que pour le produit des dédicaces.

A propos d'épître dédicatoire, ajouta le démon, il faut que je vous rapporte un trait assez singulier. Une femme de la cour, ayant permis qu'on lui dédiât un ouvrage, en voulut voir la dédicace avant qu'on l'imprimât ; et ne s'y trouvant pas assez bien louée à son gré, elle prit la peine d'en composer une de sa façon, et de l'envoyer à l'auteur, pour la mettre à la tête de son ouvrage.

Il me semble, s'écria Leandro, que voilà des voleurs qui s'introduisent dans une maison par un balcon. Vous ne vous trompez point, dit Asmodée ; ce sont des voleurs de nuit. Ils entrent chez un banquier ; suivons-les de l'œil ; voyons ce qu'ils feront. Ils visitent le comptoir ; ils fouillent partout : mais le banquier les a prévenus ; il partit hier pour la Hollande, avec tout ce qu'il avoit d'argent dans ses coffres.

Examinons, dit Zambullo, un autre voleur qui monte par une échelle de soie à un balcon. Celui-là n'est pas ce que vous pensez, répondit le boiteux ; c'est un marquis qui tente l'escalade, pour se couler

CHAPITRE III.

dans la chambre d'une fille qui veut cesser de l'être. Il lui a juré très-légèrement qu'il l'épousera, et elle n'a pas manqué de se rendre à ses sermens; car, dans le commerce de l'amour, les marquis sont des négocians qui ont grand crédit sur la place.

Je suis curieux, reprit l'écolier, d'apprendre ce que fait certain homme que je vois en bonnet de nuit et en robe-de-chambre. Il écrit avec application, et il y a près de lui une petite figure noire qui lui conduit la main en écrivant. L'homme qui écrit, répond le Diable, est un greffier qui, pour obliger un tuteur très-reconnoissant, altère un arrêt rendu en faveur d'un pupille; et la petite figure noire qui lui conduit la main est Griffaël, le démon des greffiers. Ce Griffaël, répliqua don Cleophas, n'occupe donc cet emploi que par intérim; puisque Flagel est l'esprit du barreau, les greffes, ce me semble, doivent être de son département. Non, repartit Asmodée; les greffiers ont été jugés dignes d'avoir leur diable particulier, et je vous jure qu'il a de l'occupation de reste.

Considérez dans une maison bourgeoise, auprès de celle du greffier, une jeune dame qui occupe le premier appartement. C'est une veuve, et l'homme que vous voyez avec elle est son oncle, qui loge au second étage. Admirez la pudeur de cette veuve : elle ne veut pas prendre sa chemise devant son oncle ; elle passe dans un cabinet, pour se la faire mettre par un galant qu'elle y a caché.

Il demeure chez le greffier un gros bachelier boiteux, de ses parens, qui n'a pas son pareil au monde pour plaisanter. Volumnius, si vanté par Cicéron pour les traits piquants et pleins de sel, n'étoit pas un si fin railleur. Ce bachelier, nommé par excellence dans Madrid le bachelier Donoso, est recherché de toutes les personnes de la cour et de la ville qui donnent à manger ; c'est à qui l'aura. Il a un talent tout particulier pour réjouir les convives; il fait les délices d'une table : aussi va-t-il tous les jours dîner dans quelque bonne maison, d'où il ne revient qu'à deux heures après minuit.

CHAPITRE III.

Il est aujourd'hui chez le marquis d'Alcazinas, où il n'est allé que par hasard. Comment, par hasard? interrompit Leandro. Je vais m'expliquer plus clairement, repartit le Diable. Il y avoit ce matin, sur le midi, à la porte du bachelier, cinq ou six carrosses qui venoient le chercher de la part de différens seigneurs. Il a fait monter leurs pages dans son appartement, et leur a dit, en prenant un jeu de cartes : Mes amis, comme je ne puis contenter tous vos maîtres à la fois, et que je n'en veux point préférer un aux autres, ces cartes en vont décider. J'irai dîner chez le roi de trèfle.

Quel dessein, dit don Cleophas, peut avoir, de l'autre côté de la rue, certain cavalier qui se tient assis sur le seuil d'une porte ? Attend-il qu'une soubrette vienne l'introduire dans la maison ? Non, non, répondit Asmodée; c'est un jeune Castillan qui file l'amour parfait : il veut par pure galanterie, à l'exemple des amans de l'antiquité, passer la nuit à la porte de sa maîtresse. Il racle de temps en temps une guitare, en chantant des romances de sa composition; mais son infante, couchée au second étage, pleure, en l'écoutant, l'absence de son rival.

Venons à ce bâtiment neuf qui contient deux corps-de-logis séparés : l'un est occupé par le propriétaire, qui est ce vieux cavalier qui tantôt se promène dans son appartement, et tantôt se laisse tomber dans un fauteuil. Je juge, dit Zambullo, qu'il roule dans sa tête quelque grand projet. Qui est cet homme-là ? Si l'on s'en rapporte à la richesse qui brille dans sa maison, ce doit être un grand de la première classe. Ce n'est pourtant qu'un contador, répondit le démon. Il a vieilli dans des emplois très-lucratifs. Il a quatre millions de bien. Comme il n'est pas sans inquiétude sur les moyens dont il s'est servi pour les amasser, et qu'il se voit sur le point d'aller rendre ses comptes dans l'autre monde, il est devenu scrupuleux; il songe à bâtir un monastère; il se flatte qu'après une si bonne œuvre il aura la conscience en repos. Il a déjà obtenu la permission de fonder un couvent; mais il n'y veut mettre que des religieux qui soient tout ensemble chastes, sobres, et d'une extrême humilité. Il est fort embarrassé sur le choix.

Le second corps-de-logis est habité par une belle dame qui vient de se baigner dans du lait, et de se mettre au lit tout à l'heure. Cette voluptueuse personne est veuve d'un chevalier de Saint-Jacques, qui ne lui a laissé pour tout bien qu'un beau nom; mais heureusement elle a pour amis deux conseillers du conseil de Castille, qui font à frais communs la dépense de la maison.

Oh! oh! s'écria l'écolier, j'entends retentir l'air de cris et de lamentations; viendroit-il d'arriver quelque malheur? Voici ce que c'est, dit l'esprit : deux jeunes cavaliers jouoient ensemble aux cartes, dans ce tripot où vous voyez tant de lampes et de chandelles allumées. Ils se sont échauffés sur un coup, ont mis l'épée à la main, et se sont blessés tous deux mortellement. Le plus âgé est marié, et le plus jeune est fils unique;

ils vont rendre l'ame. La femme de l'un et le père de l'autre, avertis de ce funeste accident, viennent d'arriver; ils remplissent de cris tout le voisinage. Malheureux enfant, dit le père, en apostrophant son fils qui ne sauroit l'entendre, combien de fois t'ai-je exhorté à renoncer au jeu ? Combien de fois t'ai-je prédit qu'il te coûteroit la vie ? Je déclare que ce n'est pas ma faute si tu péris misérablement. De son côté, la femme se désespère. Quoique son époux ait perdu au jeu tout ce qu'elle lui a apporté en mariage, quoiqu'il ait vendu toutes les pierreries qu'elle avoit, et jusqu'à ses habits, elle est inconsolable de sa perte : elle maudit les cartes qui en sont la cause; elle maudit celui qui les a inventées ; elle maudit le tripot et tous ceux qui l'habitent.

Je plains fort les gens que la fureur du jeu possède, dit don Cleophas; ils ont souvent l'esprit dans une horrible situation. Grace au ciel, je ne suis point entiché de ce vice-là. Vous en avez un autre qui le vaut bien, reprit le démon. Est-il plus raisonnable, à

CHAPITRE III.

votre avis, d'aimer les courtisanes? et n'avez-vous pas couru risque ce soir d'être tué par des spadassins? J'admire messieurs les hommes; leurs propres défauts leur paroissent des minuties, au lieu qu'ils regardent ceux d'autrui avec un microscope.

Il faut encore, ajouta-t-il, que je vous présente des images tristes. Voyez, dans une maison à deux pas du tripot, ce gros homme étendu sur un lit : c'est un malheureux chanoine qui vient de tomber en apoplexie. Son neveu et sa petite nièce, bien loin de lui donner du secours, le laissent mourir, et se saisissent de ses meilleurs effets, qu'ils vont porter chez des recéleurs; après quoi ils auront tout le loisir de pleurer et de lamenter.

Remarquez-vous près de là deux hommes que l'on ensevelit? Ce sont deux frères. Ils étoient malades de la même maladie, mais ils se gouvernoient différemment: l'un avoit une confiance aveugle en son médecin, l'autre a voulu laisser agir la nature. Ils sont morts tous deux; celui-là, pour avoir pris tous les remèdes de son docteur; celui-ci, pour n'avoir rien voulu prendre. Cela est fort embarrassant, dit Leandro; eh! que faut-il donc que fasse un pauvre malade ? C'est ce que je ne puis vous apprendre, répondit le Diable; je sais bien qu'il y a de bons remèdes, mais je ne sais s'il y a de bons médecins.

Changeons de spectacle, poursuivit-il ; j'en ai de plus divertissants à vous montrer. Entendez-vous dans la rue un charivari ? Une femme de soixante ans a épousé ce matin un cavalier de dix-sept. Tous les rieurs du quartier se sont ameutés pour célébrer ses noces par un concert bruyant de bassins, de poêles et de chaudrons. Vous m'avez dit, interrompit l'écolier, que c'étoit vous qui faisiez les mariages ridicules; cependant vous n'avez point de part à celui-là. Non vraiment, repartit le boiteux, je n'avois garde de le faire, puisque je n'étois pas libre ; mais quand je l'aurois été, je ne m'en serois pas mêlé. Cette femme est scrupuleuse : elle ne s'est remariée que pour pouvoir goûter sans remords des plaisirs qu'elle aime. Je ne forme point de pareilles unions; je me plais bien davantage à troubler les consciences qu'à les rendre tranquilles.

Malgré le bruit de cette burlesque sérénade, dit Zambullo, une autre, ce me semble, frappe mon oreille. Celui que vous entendez en dépit du charivari, répondit le boiteux, part d'un cabaret où il y a un gros capitaine flamand, un chantre françois, et un officier de la garde allemande, qui chantent en trio. Ils sont à table depuis huit heures du matin, et chacun d'eux s'imagine qu'il y va de l'honneur de sa nation d'enivrer les deux autres.

Arrêtez vos regards sur cette maison isolée, vis-à-vis celle du chanoine; vous verrez trois fameuses Galliciennes qui font la débauche avec trois hommes de la cour. Ah! qu'elles me paroissent jolies! s'écria don Cleophas : je ne m'étonne pas si les gens de qualité les courent. Qu'elles font de caresses à ceux-là! il faut qu'elles soient bien amoureuses d'eux! Que vous êtes jeune! répliqua l'esprit : vous ne connoissez guère ces sortes de dames; elles ont le cœur encore plus fardé que le visage. Quelques démonstrations qu'elles fassent, elles n'ont pas la moindre amitié pour ces seigneurs : elles en ménagent un pour avoir sa protection, et les deux autres pour en tirer des contrats de rente. Il en est de même de toutes les coquettes. Les hommes ont beau se ruiner pour elles, ils n'en sont pas plus aimés ; au contraire, tout payeur est traité comme un mari ; c'est une règle que j'ai établie dans les intrigues amoureuses. Mais laissons ces seigneurs savourer des plaisirs qu'ils achètent si cher, pendant que leurs valets, qui les attendent dans la rue, se consolent dans la douce espérance de les avoir gratis.

Expliquez-moi de grace, interrompit Leandro Perez, un autre tableau qui frappe mes yeux. Tout le monde est encore sur pied dans cette grande maison à gauche. D'où vient que les uns rient à gorge déployée, et que les autres dansent? on y célèbre quelque fête apparemment. Ce sont des noces, dit le boiteux ; tous les domestiques sont dans la joie : il n'y a pas trois jours que, dans ce même hôtel, on étoit dans une extrême affliction. C'est une histoire qu'il me prend envie de vous raconter : elle est un peu longue, à la vérité; mais j'espère qu'elle ne vous ennuiera point. En même temps il la commença de cette sorte.

CHAPITRE IV.

Histoire des amours du comte de Belflor, et de Léonor de Cespèdes.

Le comte de Belflor, un des plus grands seigneurs de la cour, étoit éperdument amoureux de la jeune Léonor de Cespèdes. Il n'avoit pas dessein de l'épouser ; la fille d'un simple gentilhomme ne lui paroissoit pas un parti assez considérable pour lui : il ne se proposoit que d'en faire une maîtresse.

Dans cette vue, il la suivoit partout, et ne perdoit pas une occasion de lui faire connoître son amour par ses regards; mais il ne pouvoit lui parler ni lui écrire, parce qu'elle étoit incessamment obsédée d'une duègne sévère et vigilante, appelée la dame Marcelle. Il en étoit au désespoir ; et sentant irriter ses désirs par les difficultés, il ne cessoit de rêver aux moyens de tromper l'Argus qui gardoit son Io.

D'un autre côté, Léonor, qui s'étoit aperçue de l'attention que le comte avoit pour elle, n'avoit pu se défendre d'en avoir pour lui ; et il se forma insensiblement dans son cœur une passion qui devint enfin très-violente. Je ne la fortifiois pourtant pas par mes tentations ordinaires, parce que le magicien, qui me tenoit alors prisonnier, m'avoit interdit de toutes mes fonctions ; mais il suffisoit que la nature s'en mêlât. Elle n'est pas moins dangereuse que moi ; toute la différence qu'il y a entre nous, c'est qu'elle corrompt peu à peu les cœurs, au lieu que je les séduis brusquement.

Les choses étoient dans cette disposition, lorsque Léonor et son éternelle gouvernante allant un matin à l'église rencontrèrent une vieille femme qui tenoit à la main un des

CHAPITRE IV.

plus gros chapelets qu'ait fabriqués l'hypocrisie. Elle les aborda d'un air doux et riant, et adressant la parole à la duègne : Le ciel vous conserve, lui dit-elle; la sainte paix soit avec vous : permettez-moi de vous demander si vous n'êtes pas la dame Marcelle, la chaste veuve du feu seigneur Martin Rosette. La gouvernante répondit qu'oui. Je vous rencontre donc fort à propos, lui dit la vieille, pour vous avertir que j'ai au logis un vieux parent qui voudroit bien vous parler. Il est arrivé de Flandre depuis peu de jours; il a connu particulièrement, mais très-particulièrement votre mari, et il a des choses de la dernière conséquence à vous communiquer. Il auroit été vous les dire chez vous, s'il ne fût pas tombé malade : mais le pauvre homme est à l'extrémité. Je demeure à deux pas d'ici : prenez, s'il vous plaît, la peine de me suivre.

La gouvernante, qui avoit de l'esprit et de la prudence, craignant de faire quelque fausse démarche, ne savoit à quoi se résoudre; mais la vieille devina le sujet de son embarras, et lui dit : Ma chère madame Marcelle, vous pouvez vous fier à moi en toute assurance. Je me nomme la Chichona. Le licencié Marcos de Figuerna, et le bachelier Mira de Mesqua, vous répondront de moi comme de leurs grand'mères. Quand je vous propose de venir à ma maison, ce n'est que pour votre bien. Mon parent veut vous restituer certaine somme que votre mari lui a autrefois prêtée. A ce mot de restitution, la dame Marcelle prit son parti. Allons, ma fille, dit-elle à Léonor, allons voir le parent de cette bonne dame; c'est une action charitable que de visiter les malades.

Elles arrivèrent bientôt au logis de la Chichona, qui les fit entrer dans une salle basse, où elles trouvèrent un homme alité, qui avoit une barbe blanche, et qui, s'il n'étoit pas fort malade, paroissoit du moins l'être. Tenez, cousin, lui dit la vieille en lui présentant la gouvernante, voici cette sage dame Marcelle à qui vous souhaitez de parler, la veuve du feu seigneur Martin Rosette, votre ami. A ces paroles, le vieillard, soulevant un peu la tête, salua la duègne, lui fit signe de s'approcher, et, lorsqu'elle fut près de son lit, lui dit d'une voix foible : Ma chère madame Marcelle, je rends grace au ciel de m'avoir laissé vivre jusqu'à ce moment ; c'étoit l'unique chose que je désirois; je craignois de mourir sans avoir la satisfaction de vous voir, et de vous remettre en main propre cent ducats que feu votre mari, mon intime ami, me prêta pour me tirer d'une affaire d'honneur que j'eus autrefois à Bruges. Ne vous a-t-il jamais entretenu de cette aventure ?

Hélas! non, répondit la dame Marcelle, il ne m'en a point parlé : devant Dieu soit son ame! il étoit si généreux, qu'il oublioit les services qu'il avoit rendus à ses amis; et bien loin de ressembler à ces fanfarons qui se vantent du bien qu'ils n'ont point fait, il ne m'a jamais dit qu'il eût obligé personne. Il avoit l'ame belle assurément, répliqua le vieillard; j'en dois être plus persuadé qu'un autre; et, pour vous le prouver, il faut que je vous raconte l'affaire dont je suis heureusement sorti par son secours; mais comme j'ai des choses à dire qui sont de la dernière importance pour la mémoire du défunt, je serois bien aise de ne les révéler qu'à sa discrète veuve.

Hé bien, dit alors la Chichona, vous n'avez qu'à lui faire ce récit en particulier: pendant ce temps-là nous allons passer dans mon cabinet, cette jeune dame et moi. En achevant ces paroles, elle laissa la duègne avec le malade, et entraîna Léonor dans une autre chambre, où, sans chercher de détours, elle lui dit : Belle Léonor, les moments sont trop précieux pour les mal employer. Vous connoissez de vue le comte de Belflor : il y a long-temps qu'il vous aime, et qu'il meurt d'envie de vous le dire; mais la vigilance et la sévérité de votre gouvernante ne lui ont pas permis jusqu'ici d'avoir ce plaisir. Dans son désespoir, il a eu recours à mon industrie : je l'ai mise en usage pour lui. Ce vieillard que vous venez de voir est un jeune valet-de-chambre du comte; et tout ce que j'ai fait n'est qu'une ruse, que

CHAPITRE IV.

nous avons concertée pour tromper votre gouvernante et vous attirer ici.

Comme elle achevoit ces mots, le comte, qui étoit caché derrière une tapisserie, se montra; et courant se jeter aux pieds de Léonor: Madame, lui dit-il, pardonnez ce stratagème à un amant qui ne pouvoit plus vivre sans vous parler. Si cette obligeante personne n'eût pas trouvé moyen de me procurer cet avantage, j'allois m'abandonner à mon désespoir. Ces paroles, prononcées d'un air touchant par un homme qui ne déplaisoit pas, troublèrent Léonor. Elle demeura quelque temps incertaine de la réponse qu'elle y devoit faire; mais enfin s'étant remise de son trouble, elle regarda fièrement le comte, et lui dit : Vous croyez peut-être avoir beaucoup d'obligation à cette officieuse dame qui vous a si bien servi; mais apprenez que vous tirerez peu de fruit du service qu'elle vous a rendu.

En parlant ainsi, elle fit quelques pas pour rentrer dans la salle. Le comte l'arrêta: Demeurez, dit-il, adorable Léonor; daignez un moment m'entendre. Ma passion est si pure, qu'elle ne doit point vous alarmer. Vous avez sujet, je vous l'avoue, de vous révolter contre l'artifice dont je me sers pour vous entretenir; mais n'ai-je pas jusqu'à ce jour inutilement essayé de vous parler ? Il y a six mois que je vous suis aux églises, à la promenade, aux spectacles. Je cherche en vain partout l'occasion de vous dire que vous m'avez charmé. Votre cruelle, votre impitoyable gouvernante a toujours su tromper mes désirs. Hélas! au lieu de me faire un crime d'un stratagème que j'ai été forcé d'employer, plaignez-moi, belle Léonor, d'avoir souffert tous les tourments d'une si longue attente, et jugez par vos charmes des peines mortelles qu'elle a dû me causer.

Belflor ne manqua pas d'assaisonner ce discours de tous les airs de persuasion que les jolis hommes savent si heureusement mettre en pratique; il laissa couler quelques larmes. Léonor en fut émue; il commença, malgré elle, à s'élever dans son cœur des mouvements de tendresse et de pitié : mais loin de céder à sa foiblesse, plus elle se sentoit attendrir, plus elle marquoit d'empressement à vouloir se retirer. Comte, s'écria-t-elle, tous vos discours sont inutiles, je ne veux point vous écouter ; ne me retenez pas davantage ; laissez-moi sortir d'une maison où ma vertu est alarmée, ou bien je vais par mes cris attirer ici tout le voisinage, et rendre votre audace publique. Elle dit cela d'un ton si ferme, que la Chichona, qui avoit de grandes mesures à garder avec la justice, pria le comte de ne pas pousser les choses plus loin. Il cessa de s'opposer au dessein de Léonor. Elle se débarrassa de ses mains ; ce qui jusqu'alors n'étoit arrivé à aucune fille, elle sortit de ce cabinet comme elle y étoit entrée.

Elle rejoignit promptement sa gouvernante. Venez, ma bonne, lui dit-elle ; quittez ce frivole entretien : on nous trompe, sortons de cette dangereuse maison. Qu'y a-t-il, ma fille ? répondit avec étonnement la dame Marcelle ; quelle raison vous oblige à vouloir vous retirer si brusquement ? Je vous en instruirai, repartit Léonor. Fuyons; chaque instant que je m'arrête ici me cause une nouvelle peine. Quelque envie qu'eût la duègne de savoir le sujet d'une si brusque sortie, elle ne put s'en éclaircir sur-le-champ; il lui fallut céder aux instances de Léonor. Elles sortirent toutes deux avec précipitation, laissant la Chichona, le comte et son valet-de-chambre, aussi déconcertés tous trois que des comédiens qui viennent de représenter une pièce que le parterre a mal reçue.

Dès que Léonor se vit dans la rue, elle se mit à raconter avec beaucoup d'agitation à sa gouvernante tout ce qui s'étoit passé dans le cabinet de la Chichona. La dame Marcelle l'écouta fort attentivement, et lorsqu'elles furent arrivées au logis : Je vous avoue, ma fille, lui dit-elle, que je suis extrêmement mortifiée de ce que vous venez de m'apprendre. Comment ai-je pu être la dupe de cette vieille femme? J'ai fait d'abord difficulté de la suivre : que n'ai-je continué! Je devois me défier de son air doux et honnête.

CHAPITRE IV.

J'ai fait une sottise qui n'est pas pardonnable à une personne de mon expérience. Ah! que ne m'avez-vous découvert chez elle cet artifice! Je l'aurois dévisagée, j'aurois accablé d'injures le comte de Belflor, et arraché la barbe au faux vieillard qui me contoit des fables. Mais je vais retourner sur mes pas, porter l'argent que j'ai reçu comme une véritable restitution; et si je les retrouve ensemble, ils ne perdront rien pour avoir attendu. En achevant ces mots, elle reprit sa mante qu'elle avoit quittée, et sortit pour aller chez la Chichona.

Le comte y étoit encore; il se désespéroit du mauvais succès de son stratagème. Un autre, en sa place, auroit abandonné la partie; mais il ne se rebuta point. Avec mille bonnes qualités, il en avoit une peu louable, c'étoit de se laisser trop entraîner au penchant qu'il avoit à l'amour. Quand il aimoit une dame, il étoit trop ardent à la poursuite de ses faveurs; et quoique naturellement honnête homme, il étoit alors capable de violer les droits les plus sacrés pour obtenir l'accomplissement de ses désirs. Il fit réflexion qu'il ne pourroit parvenir au but qu'il se proposoit sans le secours de la dame Marcelle, et il résolut de ne rien épargner pour la mettre dans ses intérêts. Il jugea que cette duègne, toute sévère qu'elle paroissoit, ne seroit point à l'épreuve d'un présent considérable ; et il n'avoit pas tort de faire un pareil jugement. S'il y a des gouvernantes fidèles, c'est que les galants ne sont pas assez riches, ou assez libéraux.

D'abord que la dame Marcelle fut arrivée, et qu'elle aperçut les trois personnes à qui elle en vouloit, il lui prit une fureur de langue, elle dit un million d'injures au comte et à la Chichona, et fit voler la restitution à la tête du valet-de-chambre. Le comte essuya patiemment cet orage ; et se mettant à genoux devant la duègne, pour rendre la scène plus touchante, il la pressa de reprendre la bourse qu'elle avoit jetée, et lui offrit mille pistoles de surcroît, en la conjurant d'avoir pitié de lui. Elle n'avoit jamais vu solliciter si puissamment sa compassion; aussi ne fut-elle pas inexorable. Elle eut bientôt quitté les invectives; et comparant en elle-même la somme proposée avec la médiocre récompense qu'elle attendoit de don Luis de Cespèdes, elle trouva qu'il y avoit plus de profit à écarter Léonor de son devoir qu'à l'y maintenir. C'est pourquoi, après quelques façons, elle reprit la bourse, accepta l'offre des mille pistoles, promit de servir l'amour du comte, et s'en alla sur-le-champ travailler à l'exécution de sa promesse.

Comme elle connoissoit Léonor pour une fille vertueuse, elle se garda bien de lui donner lieu de soupçonner son intelligence avec le comte, de peur qu'elle n'en avertît don Luis son père; et voulant la perdre adroitement, voici de quelle manière elle lui parla à son retour. Léonor, je viens de satisfaire mon esprit irrité; j'ai retrouvé nos trois fourbes; ils étoient encore tout étourdis de votre courageuse retraite. J'ai menacé la Chichona du ressentiment de votre père et de la rigueur de la justice, et j'ai dit au comte de Belflor toutes les injures que la colère a pu me suggérer. J'espère que ce seigneur ne formera plus de pareils attentats, et que ses galanteries cesseront désormais d'occuper ma vigilance. Je rends grace au ciel que vous ayez, par votre fermeté, évité le piège qu'il vous avoit tendu. J'en pleure de joie. Je suis ravie qu'il n'ait tiré aucun avantage de son artifice, car les grands seigneurs se font un jeu de séduire de jeunes personnes. La plupart même de ceux qui se piquent le plus de probité ne s'en font pas le moindre scrupule, comme si ce n'étoit pas une mauvaise action que de déshonorer des familles. Je ne dis pas absolument que le comte soit de ce caractère, ni qu'il ait envie de vous tromper; il ne faut pas toujours juger mal son prochain : peut-être a-t-il des vues légitimes. Quoiqu'il soit d'un rang à prétendre aux premiers partis de la cour, votre beauté peut lui avoir fait prendre la résolution de vous épouser. Je me souviens même que, dans les réponses qu'il a faites à mes reproches, il m'a laissé entrevoir cela.

CHAPITRE IV.

Que dites-vous, ma bonne? interrompit Léonor. S'il avoit formé ce dessein, il m'auroit déjà demandée à mon père, qui ne me refuseroit point à un homme de sa condition. Ce que vous dites est juste, reprit la gouvernante; j'entre dans ce sentiment : la démarche du comte est suspecte, ou plutôt ses intentions ne sauroient être bonnes. Peu s'en faut que je ne retourne encore sur mes pas pour lui dire de nouvelles injures. Non, ma bonne, repartit Léonor, il vaut mieux oublier ce qui s'est passé, et nous venger par le mépris. Il est vrai, dit la dame Marcelle, je crois que c'est le meilleur parti; vous êtes plus raisonnable que moi : mais d'un autre côté, ne jugerions-nous point mal des sentiments du comte? Que savons-nous s'il n'en use pas ainsi par délicatesse? Avant que d'obtenir l'aveu d'un père, il veut peut-être vous rendre de longs services, mériter de vous plaire, s'assurer de votre cœur, afin que votre union ait plus de charmes. Si cela étoit, ma fille, seroit-ce un grand crime que de l'écouter? Découvrez-moi votre pensée;

ma tendresse vous est connue; vous sentez-vous de l'inclination pour le comte, ou auriez-vous de la répugnance à l'épouser?

A cette malicieuse question, la trop sincère Léonor baissa les yeux en rougissant, et avoua qu'elle n'avoit nul éloignement pour lui; mais, comme sa modestie l'empêchoit de s'expliquer plus ouvertement, la duègne la pressa de nouveau de ne rien déguiser. Enfin elle se rendit aux affectueuses démonstrations de la gouvernante. Ma bonne, lui dit-elle, puisque vous voulez que je vous parle confidemment, apprenez que Belflor m'a paru digne d'être aimé. Je l'ai trouvé si bien fait, et j'en ai ouï parler si avantageusement, que je n'ai pu me défendre d'être sensible à ses galanteries. L'attention infatigable que vous avez à les traverser m'a souvent fait beaucoup de peine, et je vous avouerai qu'en secret je l'ai plaint quelquefois, et dédommagé, par mes soupirs, des maux que votre vigilance lui fait souffrir. Je vous dirai même qu'en ce moment, au lieu de le haïr après son action téméraire, mon

CHAPITRE IV.

cœur, malgré moi, l'excuse, et rejette sa faute sur votre sévérité.

Ma fille, reprit la gouvernante, puisque vous me donnez lieu de croire que sa recherche vous seroit agréable, je veux vous ménager cet amant. Je suis très-sensible, repartit Léonor en s'attendrissant, au service que vous me voulez rendre. Quand le comte ne tiendroit pas un des premiers rangs à la cour, quand il ne seroit qu'un simple cavalier, je le préférerois à tous les autres hommes; mais ne nous flattons point, Belflor est un grand seigneur, destiné sans doute pour une des plus riches héritières de la monarchie. N'attendons pas qu'il se borne à la fille de don Luis, qui n'a qu'une fortune médiocre à lui offrir. Non, non, ajouta-t-elle, il n'a pas pour moi des sentiments si favorables; il ne me regarde pas comme une personne qui mérite de porter son nom; il ne cherche qu'à m'offenser.

Eh! pourquoi, dit la duègne, voulez-vous qu'il ne vous aime pas assez pour vous épouser? L'amour fait tous les jours de plus grands miracles. Il semble, à vous entendre, que le ciel ait mis entre le comte et vous une distance infinie. Faites-vous plus de justice, Léonor ; il ne s'abaissera point en unissant sa destinée à la vôtre : vous êtes d'une ancienne noblesse, et votre alliance ne sauroit le faire rougir. Puisque vous avez du penchant pour lui, continua-t-elle, il faut que je lui parle : je veux approfondir ses vues ; et si elles sont telles qu'elles doivent être, je le flatterai de quelque espérance. Gardez-vous-en bien, s'écria Léonor ; je ne suis point d'avis que vous l'alliez chercher : s'il me soupçonnoit d'avoir quelque part à cette démarche, il cesseroit de m'estimer. Oh ! je suis plus adroite que vous ne pensez, répliqua la dame Marcelle. Je commencerai par lui reprocher d'avoir eu dessein de vous séduire. Il ne manquera pas de vouloir se justifier ; je l'écouterai ; je le verrai venir : enfin, ma fille, laissez-moi faire ; je ménagerai votre honneur comme le mien.

La duègne sortit à l'entrée de la nuit. Elle trouva Belflor aux environs de la maison de don Luis. Elle lui rendit compte de l'entretien qu'elle avoit eu avec sa maîtresse, et n'oublia pas de lui vanter avec quelle adresse elle avoit découvert qu'il en étoit aimé. Rien ne pouvoit être plus agréable au comte que cette découverte ; aussi en remercia-t-il la dame Marcelle dans les termes les plus vifs, c'est-à-dire qu'il promit de lui livrer dès le lendemain les mille pistoles ; et il se répondit à lui-même du succès de son entreprise, parce qu'il savoit bien qu'une fille prévenue est à moitié séduite. Après cela, s'étant séparés fort satisfaits l'un de l'autre, la duègne retourna au logis.

Léonor, qui l'attendoit avec inquiétude, lui demanda ce qu'elle avoit à lui annoncer. La meilleure nouvelle que vous puissiez apprendre, lui répondit la gouvernante : j'ai vu le comte. Je vous le disois bien, ma fille, ses intentions ne sont pas criminelles ; il n'a point d'autre but que de se marier avec vous ; il me l'a juré par tout ce qu'il y a de plus sacré parmi les hommes. Je ne me suis pas rendue à cela, comme vous pouvez penser. Si vous êtes dans cette disposition, lui ai-je dit, pourquoi ne faites-vous pas auprès de don Luis la démarche ordinaire ?

Ah ! ma chère Marcelle, m'a-t-il répondu, sans paroître embarrassé de cette demande, approuveriez-vous que, sans savoir de quel œil me regarde Léonor, et ne suivant que les transports d'un aveugle amour, j'allasse tyranniquement l'obtenir de son père ? Non, son repos m'est plus cher que mes désirs, et je suis trop honnête homme pour m'exposer à faire son malheur.

Pendant qu'il parloit de la sorte, continua la duègne, je l'observois avec une extrême attention, et j'employois mon expérience à démêler dans ses yeux s'il étoit effectivement épris de tout l'amour qu'il m'exprimoit. Que vous dirai-je ? il m'a paru pénétré d'une véritable passion : j'en ai senti une joie que j'ai eu bien de la peine à lui cacher. Néanmoins, lorsque j'ai été persuadée de sa sincérité, j'ai cru que, pour vous assurer un amant de cette importance, il étoit à propos de lui laisser entrevoir vos sentiments ;

CHAPITRE IV.

Seigneur, lui ai-je dit, Léonor n'a point d'aversion pour vous : je sais qu'elle vous estime ; et, autant que j'en puis juger, son cœur ne gémira pas de votre recherche. Grand Dieu ! s'est-il alors écrié tout transporté de joie, qu'entends-je ? Est-il possible que la charmante Léonor soit dans une disposition si favorable pour moi ? Que ne vous dois-je point, obligeante Marcelle, de m'avoir tiré d'une si longue incertitude ? Je suis d'autant plus ravi de cette nouvelle, que c'est vous qui me l'annoncez, vous qui, toujours révoltée contre ma tendresse, m'avez tant fait souffrir de maux. Mais achevez mon bonheur, ma chère Marcelle, faites-moi parler à la divine Léonor ; je veux lui donner ma foi, et lui jurer devant vous que je ne serai jamais qu'à elle.

A ce discours, poursuivit la gouvernante, il en a ajouté d'autres encore plus touchants. Enfin, ma fille, il m'a priée d'une manière si pressante de lui procurer un entretien secret avec vous, que je n'ai pu me défendre de le lui promettre. Eh ! pourquoi lui avez-vous fait cette promesse? s'écria Léonor avec quelque émotion. Une fille sage, vous me l'avez dit cent fois, doit absolument éviter ces conversations, qui ne sauroient être que dangereuses. Je demeure d'accord de vous l'avoir dit, répliqua la duègne, et c'est une très-bonne maxime; mais il vous est permis de ne la pas suivre dans cette occasion, puisque vous pouvez regarder le comte comme votre mari. Il ne l'est point encore, repartit Léonor, et je ne le dois pas voir que mon père n'ait agréé sa recherche.

La dame Marcelle, en ce moment, se repentit d'avoir si bien élevé une fille dont elle avoit tant de peine à vaincre la retenue. Voulant toutefois en venir à bout, à quelque prix que ce fût : Ma chère Léonor, reprit-elle, je m'applaudis de vous voir si réservée. Heureux fruit de mes soins ! Vous avez mis à profit toutes les leçons que je vous ai données. Je suis charmée de mon ouvrage; mais, ma fille, vous avez enchéri sur ce que je vous ai enseigné : vous outrez ma morale; je trouve votre vertu un peu trop

CHAPITRE IV. 63

sauvage. De quelque sévérité que je me pique, je n'approuve point une farouche sagesse qui s'arme indifféremment contre le crime et l'innocence. Une fille ne cesse pas d'être vertueuse pour écouter un amant, quand elle connoît la pureté de ses désirs, et alors elle n'est pas plus criminelle de répondre à sa passion, que d'y être sensible. Reposez-vous sur moi, Léonor; j'ai trop d'expérience, et je suis trop dans vos intérêts, pour vous faire faire un pas qui puisse vous nuire.

Eh ! dans quel lieu voulez-vous que je parle au comte? dit Léonor. Dans votre appartement, repartit la duègne, c'est l'endroit le plus sûr. Je l'introduirai ici demain, pendant la nuit. Vous n'y pensez pas, ma bonne! répliqua Léonor; quoi! je souffrirai qu'un homme..... Oui, vous le souffrirez, interrompit la gouvernante : ce n'est pas une chose si extraordinaire que vous vous l'imaginez. Cela arrive tous les jours, et plût au ciel que toutes les filles qui reçoivent de pareilles visites eussent des intentions aussi bonnes que les vôtres! D'ailleurs, qu'avez-vous à craindre? ne serai-je pas avec vous ? Si mon père venoit nous surprendre? reprit Léonor. Soyez encore en repos là-dessus, repartit la dame Marcelle. Votre père a l'esprit tranquille sur votre conduite; il connoît ma fidélité, il a une entière confiance en moi. Léonor, si vivement poussée par la duègne, et pressée en secret par son amour, ne put résister plus long-temps; elle consentit à ce qu'on lui proposoit.

Le comte en fut bientôt informé. Il en eut tant de joie, qu'il donna sur-le-champ à son agente cinq cents pistoles, avec une bague de pareille valeur. La dame Marcelle, voyant qu'il tenoit si bien sa parole, ne voulut pas être moins exacte à tenir la sienne. Dès la nuit suivante, quand elle jugea que tout le monde reposoit au logis, elle attacha à un balcon une échelle de soie que le comte lui avoit donnée, et fit entrer par-là ce seigneur dans l'appartement de sa maîtresse.

Cependant, cette jeune personne s'abandonnoit à des réflexions qui l'agitoient vivement. Quelque penchant qu'elle eût pour

CHAPITRE IV.

Belflor, et malgré tout ce que pouvoit lui dire sa gouvernante, elle se reprochoit d'avoir eu la facilité de consentir à une visite qui blessoit son devoir : la pureté de ses intentions ne la rassuroit point. Recevoir la nuit dans sa chambre un homme qui n'avoit pas l'aveu de son père, et dont elle ignoroit même les véritables sentimens, lui paroissoit une démarche, non seulement criminelle, mais digne encore du mépris de son amant. Cette dernière pensée faisoit sa plus grande peine, et elle en étoit fort occupée, lorsque le comte entra.

Il se jeta d'abord à ses genoux, pour la remercier de la faveur qu'elle lui faisoit. Il parut pénétré d'amour et de reconnoissance, et il l'assura qu'il étoit dans le dessein de l'épouser. Néanmoins, comme il ne s'étendoit pas là-dessus autant qu'elle l'auroit souhaité : Comte, lui dit-elle, je veux bien croire que vous n'avez pas d'autres vues que celles-là ; mais, quelques assurances que vous m'en puissiez donner, elles me seront toujours suspectes, jusqu'à ce qu'elles soient autorisées du consentement de mon père. Madame, répondit Belflor, il y a long-temps que je l'aurois demandé, si je n'eusse pas craint de l'obtenir aux dépens de votre repos. Je ne vous reproche point de n'avoir pas encore fait cette démarche, reprit Léonor; j'approuve même sur cela votre délicatesse : mais rien ne vous retient plus, et il faut que vous parliez au plus tôt à don Luis, ou bien résolvez-vous à ne me revoir jamais.

Hé ! pourquoi, répliqua-t-il, ne vous verrois-je plus, belle Léonor? Que vous êtes peu sensible aux douceurs de l'amour! Si vous saviez aussi bien aimer que moi, vous vous feriez un plaisir de recevoir secrètement mes soins, et d'en dérober, du moins pour quelque temps, la connoissance à votre père. Que ce commerce mystérieux a de charmes pour deux cœurs étroitement liés ! Il en pourroit avoir pour vous, dit Léonor; mais il n'auroit pour moi que des peines. Ce raffinement de tendresse ne convient point à une fille qui a de la vertu. Ne me vantez plus les délices de ce commerce coupable. Si vous m'estimiez, vous ne me l'auriez pas proposé; et si vos intentions sont telles que vous voulez me le persuader, vous devez, au fond de votre ame, me reprocher de ne m'en être pas offensée. Mais, hélas ! ajouta-t-elle, en laissant échapper quelques pleurs, c'est à ma seule foiblesse que je dois imputer cet outrage; je m'en suis rendue digne en faisant ce que je fais pour vous.

Adorable Léonor, s'écria le comte, c'est vous qui me faites une mortelle injure. Votre vertu trop scrupuleuse prend de fausses alarmes. Quoi! parce que j'ai été assez heureux pour vous rendre favorable à mon amour, vous craignez que je ne cesse de vous estimer? Quelle injustice ! Non, madame, je connois tout le prix de vos bontés : elles ne peuvent vous ôter mon estime, et je suis prêt à faire ce que vous exigez de moi. Je parlerai dès demain au seigneur don Luis; je ferai tout mon possible pour qu'il consente à mon bonheur; mais je ne vous le cèle point, j'y vois peu d'apparence. Que dites-vous? reprit Léonor avec une extrême surprise; mon père pourra-t-il ne pas agréer la recherche d'un homme qui tient le rang que vous tenez à la cour? Eh! c'est ce même rang, repartit Belflor, qui me fait craindre ses refus. Ce discours vous surprend, vous allez cesser de vous étonner.

Il y a quelques jours, poursuivit-il, que le roi me déclara qu'il vouloit me marier. Il ne m'a point nommé la dame qu'il me destine; il m'a seulement fait comprendre que c'est un des premiers partis de la cour, et qu'il a ce mariage fort à cœur. Comme j'ignorois quels pouvoient être vos sentiments pour moi, car vous savez bien que votre rigueur ne m'a pas permis jusqu'ici de les démêler, je ne lui ai laissé voir aucune répugnance à suivre ses volontés. Après cela, jugez, madame, si don Luis voudra se mettre au hasard de s'attirer la colère du roi, en m'acceptant pour gendre.

Non, sans doute, dit Léonor, je connois mon père. Quelque avantage que soit pour lui votre alliance, il aimera mieux y renoncer, que de s'exposer à déplaire au roi. Mais quand mon père ne s'opposeroit point à notre union, nous n'en serions pas plus heureux; car enfin, comte, comment pourriez-vous me donner une main que le roi veut engager ailleurs? Madame, répondit Belflor, je vous avouerai de bonne foi que je suis dans un assez grand embarras de ce côté-là. J'espère néanmoins qu'en tenant une conduite délicate avec le roi, je ménagerai si bien son esprit et l'amitié qu'il a pour moi, que je trouverai moyen d'éviter le malheur qui me menace. Vous pourriez même, belle Léonor, m'aider en cela, si vous me jugiez digne de m'attacher à vous. Eh! de quelle manière, dit-elle, puis-je contribuer à rompre le mariage que le roi vous a proposé? Ah! madame, répliqua-t-il d'un air passionné, si vous vouliez recevoir ma foi, je saurois bien me conserver à vous, sans que ce prince m'en pût savoir mauvais gré.

Permettez, charmante Léonor, ajouta-t-il, en se jetant à ses genoux, permettez que je vous épouse en présence de la dame

Marcelle ; c'est un témoin qui répondra de la sainteté de notre engagement. Par là je me déroberai sans peine aux tristes nœuds dont on veut me lier ; car si après cela le roi me presse d'accepter la dame qu'il me destine, je me jetterai aux pieds de ce monarque, je lui dirai que je vous aimois depuis long-temps, et que je vous ai secrètement épousée. Quelque envie qu'il puisse avoir de me marier avec une autre, il est trop bon pour vouloir m'arracher à ce que j'adore, et trop juste pour faire cet affront à votre famille.

Que pensez-vous, sage Marcelle, ajouta-t-il en se tournant vers la gouvernante, que pensez-vous de ce projet que l'amour vient de m'inspirer ? J'en suis charmée, dit la dame Marcelle ; il faut avouer que l'amour est bien ingénieux. Et vous, adorable Léonor, reprit le comte, qu'en dites-vous ? Votre esprit, toujours armé de défiance, refusera-t-il toujours de l'approuver ? Non, répondit Léonor, pourvu que vous y fassiez entrer mon père ; je ne doute pas qu'il n'y souscrive dès que vous l'en aurez instruit.

CHAPITRE IV.

Il faut bien se garder de lui faire cette confidence, interrompit en cet endroit l'abominable duègne; vous ne connoissez pas le seigneur don Luis : il est trop délicat sur les matières d'honneur pour se prêter à de mystérieuses amours. La proposition d'un mariage secret l'offensera; d'ailleurs sa prudence ne manquera pas de lui faire appréhender les suites d'une union qui lui paroîtra choquer les desseins du roi. Par cette démarche indiscrète vous lui donnerez des soupçons; ses yeux seront incessamment ouverts sur toutes nos actions, et il vous ôtera tous les moyens de vous voir.

J'en mourrois de douleur, s'écria notre courtisan. Mais, madame Marcelle, poursuivit-il en affectant un air chagrin, croyez-vous effectivement que don Luis rejette la proposition d'un hymen clandestin? N'en doutez nullement, répondit la gouvernante; mais je veux qu'il l'accepte. Régulier et scrupuleux comme il est, il ne consentira point que l'on supprime les cérémonies de l'église; et si on les pratique dans votre mariage, la chose sera bientôt divulguée.

Ah! ma chère Léonor, dit alors le comte, en serrant tendrement la main de sa maîtresse entre les siennes, faut-il, pour satisfaire une vaine opinion de bienséance, nous exposer à l'affreux péril de nous voir séparés pour jamais! Vous n'avez besoin que de vous-même pour vous donner à moi. L'aveu d'un père vous épargneroit peut-être quelques peines d'esprit; mais puisque la dame Marcelle nous a prouvé l'impossibilité de l'obtenir, rendez-vous à mes innocents désirs. Recevez mon cœur et ma main; et lorsqu'il sera temps d'informer don Luis de notre engagement, nous lui apprendrons les raisons que nous avons eues de le lui cacher. Hé bien, comte, dit Léonor, je consens que vous ne parliez pas sitôt à mon père. Sondez auparavant l'esprit du roi, avant que je reçoive en secret votre main; parlez à ce prince; dites-lui, s'il le faut, que vous m'avez secrètement épousée. Tâchons, par cette fausse confidence..... Oh! pour cela non, madame, repartit Belflor; je suis trop ennemi du mensonge pour oser soutenir

CHAPITRE IV.

cette feinte; je ne puis me trahir jusque-là. De plus, tel est le caractère du roi, que s'il venoit à découvrir que je l'eusse trompé, il ne me le pardonneroit de sa vie.

Je ne finirois point, seigneur don Cleophas, continua le Diable, si je répétois mot pour mot ce que Belflor dit pour séduire cette jeune personne; je vous dirai seulement qu'il lui tint tous les discours passionnés que je souffle aux hommes en pareille occasion : mais il eut beau jurer qu'il confirmeroit publiquement, le plus tôt qu'il lui seroit possible, la foi qu'il lui donnoit en particulier; il eut beau prendre le ciel à témoin de ses serments, il ne put triompher de la vertu de Léonor; et le jour qui étoit prêt à paroître, l'obligea, malgré lui, à se retirer.

Le lendemain, la duègne, croyant qu'il y alloit de son honneur, ou, pour mieux dire, de son intérêt de ne point abandonner son entreprise, dit à la fille de don Luis : Léonor, je ne sais plus quel discours je dois vous tenir; je vous vois révoltée contre la passion du comte, comme s'il n'avoit pour objet qu'une simple galanterie. N'auriez-vous point remarqué en sa personne quelque chose qui vous en eût dégoûtée? Non, ma bonne, lui répondit Léonor; il ne m'a jamais paru plus aimable, et son entretien m'a fait apercevoir en lui de nouveaux charmes. Si cela est, reprit la gouvernante, je ne vous comprends pas. Vous êtes prévenue pour lui d'une inclination violente, et vous refusez de souscrire à une chose dont on vous a représenté la nécessité?

Ma bonne, répliqua la fille de don Luis, vous avez plus de prudence et plus d'expérience que moi; mais avez-vous bien pensé aux suites que peut avoir un mariage contracté sans l'aveu de mon père? Oui, oui, répondit la duègne, j'ai fait là-dessus toutes les réflexions nécessaires, et je suis fâchée que vous vous opposiez avec tant d'opiniâtreté au brillant établissement que la fortune vous présente. Prenez garde que votre obstination ne fatigue et ne rebute votre

CHAPITRE IV.

amant : craignez qu'il n'ouvre les yeux sur l'intérêt de sa fortune, que la violence de sa passion lui fait négliger. Puisqu'il veut vous donner sa foi, recevez-la sans balancer. Sa parole le lie, il n'y a rien de plus sacré pour un homme d'honneur : d'ailleurs je suis témoin qu'il vous reconnoît pour sa femme ; ne savez-vous pas qu'un témoignage tel que le mien suffit pour faire condamner en justice un amant qui oseroit se parjurer ?

Ce fut par de semblables discours que la perfide Marcelle ébranla Léonor, qui, se laissant étourdir sur le péril qui la menaçoit, s'abandonna de bonne foi, quelques jours après, aux mauvaises intentions du comte. La duègne l'introduisoit toutes les nuits, par le balcon, dans l'appartement de sa maîtresse, et le faisoit sortir avant le jour.

Une nuit qu'elle l'avoit averti un peu plus tard qu'à l'ordinaire de se retirer, et que déjà l'aurore commençoit à percer l'obscurité, il se mit brusquement en devoir de se couler dans la rue ; mais, par malheur, il prit si mal ses mesures, qu'il tomba par terre assez rudement.

Don Luis de Cespèdes, qui étoit couché dans l'appartement au-dessus de sa fille, et qui s'étoit levé ce jour-là de très-grand matin pour travailler à quelques affaires pressantes, entendit le bruit de cette chute. Il ouvrit sa fenêtre pour voir ce que c'étoit. Il aperçut un homme qui achevoit de se relever avec beaucoup de peine, et la dame Marcelle sur le balcon, occupée à détacher l'échelle de soie, dont le comte ne s'étoit pas si bien servi pour descendre que pour monter. Il se frotta les yeux, et prit d'abord ce spectacle pour une illusion; mais, après l'avoir bien considéré, il jugea qu'il n'y avoit rien de plus réel, et que la clarté du jour, toute foible qu'elle étoit encore, ne lui découvroit que trop sa honte.

Troublé de cette fatale vue, transporté d'une juste colère, il descend en robe-de-chambre dans l'appartement de Léonor, tenant son épée d'une main, et une bougie

CHAPITRE IV.

de l'autre. Il la cherche, elle et sa gouvernante, pour les sacrifier à son ressentiment. Il frappe à la porte de leur chambre, ordonne d'ouvrir : elles reconnoissent sa voix; elles obéissent en tremblant. Il entre d'un air furieux; et montrant son épée nue à leurs yeux éperdus : Je viens, dit-il, laver dans le sang d'une infâme l'affront qu'elle fait à son père, et punir en même temps la lâche gouvernante qui trahit ma confiance.

Elles se jetèrent à genoux devant lui l'une et l'autre, et la duègne prenant la parole : Seigneur, dit-elle, avant que nous recevions le châtiment que vous nous préparez, daignez m'écouter un moment. Hé bien ! malheureuse, répliqua le vieillard, je consens de suspendre ma vengeance pour un instant; parle, apprends-moi toutes les circonstances de mon malheur; mais que dis-je, toutes les circonstances? je n'en ignore qu'une, c'est le nom du téméraire qui déshonore ma famille. Seigneur, reprit la dame Marcelle, le comte de Belflor est le cavalier dont il s'agit. Le comte de Belflor ! s'écria don Luis. Où a-t-il vu ma fille? par quelles voies l'a-t-il séduite? ne me cache rien. Seigneur, repartit la gouvernante, je vais vous faire ce récit avec toute la sincérité dont je suis capable.

Alors elle lui débita avec un art infini tous les discours qu'elle avoit fait accroire à Léonor que le comte lui avoit tenus. Elle le peignit avec les plus belles couleurs; c'étoit un amant tendre, délicat et sincère. Comme elle ne pouvoit s'écarter de la vérité au dénouement, elle fut obligée de la dire; mais elle s'étendit sur les raisons que l'on avoit eues de faire à son insçu ce mariage secret, et elle leur donna un si bon tour, qu'elle appaisa la fureur de don Luis. Elle s'en aperçut bien; et pour achever d'adoucir le vieillard : Seigneur, lui dit-elle, voilà ce que vous vouliez savoir. Punissez-nous présentement; plongez votre épée dans le sein de Léonor. Mais qu'est-ce que je dis? Léonor est innocente; elle n'a fait que suivre les conseils

CHAPITRE IV.

d'une personne que vous avez chargée de sa conduite ; c'est à moi seule que vos coups doivent s'adresser ; c'est moi qui ai introduit le comte dans l'appartement de votre fille ; c'est moi qui ai formé les nœuds qui les lient. J'ai fermé les yeux sur ce qu'il y avoit d'irrégulier dans un engagement que vous n'autorisiez pas, pour vous assurer un gendre dont vous savez que la faveur est le canal par où coulent aujourd'hui toutes les graces de la cour ; je n'ai envisagé que le bonheur de Léonor et l'avantage que votre famille pourroit tirer d'une si belle alliance ; l'excès de mon zèle m'a fait trahir mon devoir.

Pendant que l'artificieuse Marcelle parloit ainsi, sa maîtresse ne s'épargnoit point à pleurer ; et elle fit paroître une si vive douleur, que le bon vieillard n'y put résister. Il en fut attendri ; sa colère se changea en compassion ; il laissa tomber son épée ; et dépouillant l'air d'un père irrité : Ah ! ma fille, s'écria-t-il les larmes aux yeux, que l'amour est une passion funeste ! Hélas ! vous ne savez pas toutes les raisons que vous avez de vous affliger ; la honte seule que vous cause la présence d'un père qui vous surprend excite vos pleurs en ce moment. Vous ne prévoyez pas encore tous les sujets de douleur que votre amant vous prépare peut-être. Et vous, imprudente Marcelle, qu'avez-vous fait ? Dans quel précipice nous jette votre zèle indiscret pour ma famille ! J'avoue que l'alliance d'un homme tel que le comte a pu vous éblouir, et c'est ce qui vous sauve dans mon esprit ; mais, malheureuse que vous êtes, ne falloit-il pas vous défier d'un amant de ce caractère ? Plus il a de crédit et de faveur, plus vous deviez être en garde contre lui. S'il ne se fait pas un scrupule de manquer de foi à Léonor, quel parti faudra-t-il que je prenne ? Implorerai-je le secours des lois ? Une personne de son rang saura bien se mettre à l'abri de leur sévérité. Je veux bien que, fidèle à ses sermens, il ait envie de tenir sa parole à ma fille; si le roi, comme il vous l'a dit, a dessein de lui faire épouser une autre dame, il est à craindre que ce prince ne l'y oblige par son autorité.

Oh! pour l'y obliger, seigneur, interrompit Léonor, ce n'est pas ce qui doit nous alarmer. Le comte nous a bien assuré que le roi ne fera pas une si grande violence à ses sentiments. J'en suis persuadée, dit la dame Marcelle : outre que ce monarque aime trop son favori pour exercer sur lui cette tyrannie, il est trop généreux pour vouloir causer un déplaisir mortel au vaillant don Luis de Cespèdes, qui a donné tous ses beaux jours au service de l'état.

Fasse le ciel, reprit le vieillard en soupirant, que mes craintes soient vaines! Je vais chez le comte lui demander un éclaircissement là-dessus : les yeux d'un père sont pénétrants, je verrai jusqu'au fond de son ame. Si je le trouve dans la disposition que je souhaite, je vous pardonnerai le passé; mais, ajouta-t-il d'un ton plus ferme, si dans ses discours je démêle un cœur perfide, vous irez toutes deux dans une retraite pleurer votre imprudence le reste de vos jours. A ces mots il ramassa son épée; et les laissant se remettre de la frayeur qu'il leur avoit causée, il remonta dans son appartement pour s'habiller.

Asmodée, en cet endroit de son récit, fut interrompu par l'écolier, qui lui dit : Quelque intéressante que soit l'histoire que vous me racontez, une chose que j'aperçois m'empêche de vous écouter aussi attentivement que je le voudrois. Je découvre dans une maison une femme qui me paroît gentille, entre un jeune homme et un vieillard. Ils boivent tous trois apparemment des liqueurs exquises; et tandis que le cavalier suranné embrasse la dame, la friponne par derrière donne une de ses mains à baiser au jeune homme, qui sans doute est son galant. Tout au contraire, répondit le boiteux, c'est son mari, et l'autre son amant. Ce vieillard est un homme de conséquence, un commandeur de l'Ordre militaire de Calatrava. Il se ruine pour cette femme, dont l'époux a une petite charge à la cour : elle fait des caresses par intérêt à son vieux soupirant, et des infidélités en faveur de son mari, par inclination.

Ce tableau est joli, répliqua Zambullo : l'époux ne seroit-il pas françois? Non, repartit le Diable, il est espagnol. Oh! la bonne ville de Madrid ne laisse pas d'avoir aussi dans ses murs des maris débonnaires; mais ils n'y fourmillent pas comme dans celle de Paris, qui sans contredit est la cité du monde la plus fertile en pareils habitants. Pardon, seigneur Asmodée, dit don Cleophas, si j'ai coupé le fil de l'histoire de Léonor : continuez-la, je vous prie, elle m'attache infiniment; j'y trouve des nuances de séduction qui m'enlèvent. Le démon la reprit ainsi.

CHAPITRE V.

Suite et conclusion des amours du comte de Belflor.

Don Luis sortit de bon matin, et se rendit chez le comte, qui, ne croyant pas avoir été découvert, fut surpris de cette visite. Il alla au-devant du vieillard, et, après l'avoir accablé d'embrassades : Que j'ai de joie, dit-il, de voir ici le seigneur don Luis ! viendroit-il m'offrir l'occasion de le servir ? Seigneur, lui répondit don Luis, ordonnez s'il vous plaît que nous soyons seuls.

Belflor fit ce qu'il souhaitoit. Ils s'assirent tous deux ; et le vieillard prenant la parole : Seigneur, dit-il, mon honneur et mon repos ont besoin d'un éclaircissement que je viens vous demander. Je vous ai vu ce matin sortir de l'appartement de Léonor. Elle m'a tout avoué ; elle m'a dit…. Elle vous a dit que je l'aime, interrompit le comte, pour éluder

CHAPITRE V.

un discours qu'il ne vouloit pas entendre ; mais elle ne vous a que foiblement exprimé tout ce que je sens pour elle : j'en suis enchanté ; c'est une fille toute adorable ; esprit, beauté, vertu, rien ne lui manque. On m'a dit que vous avez aussi un fils qui achève ses études à Alcala ; ressemble-t-il à sa sœur? S'il en a la beauté, et pour peu qu'il tienne de vous d'ailleurs, ce doit être un cavalier parfait. Je meurs d'envie de le voir, et je vous offre tout mon crédit pour lui.

Je vous suis redevable de cette offre, dit gravement don Luis ; mais venons à ce que... Il faut le mettre incessamment dans le service, interrompit encore le comte ; je me charge de sa fortune. Il ne vieillira point dans la classe des officiers subalternes ; c'est de quoi je puis vous assurer. Répondez-moi, comte, reprit brusquement le vieillard, et cessez de me couper la parole. Avez-vous dessein, ou non, de tenir la promesse....? Oui, sans doute, interrompit Belflor pour la troisième fois, je tiendrai la promesse que je vous fais d'appuyer votre fils de toute ma faveur : comptez sur moi, je suis homme réel. C'en est trop, comte, s'écria Cespèdes en se levant : après avoir séduit ma fille, vous osez encore m'insulter ; mais je suis noble, et l'offense que vous me faites ne demeurera pas impunie. En achevant ces mots, il se retira chez lui, le cœur plein de ressentiment, et roulant dans son esprit mille projets de vengeance.

Dès qu'il y fut arrivé, il dit avec beaucoup d'agitation à Léonor et à la dame Marcelle : Ce n'étoit pas sans raison que le comte m'étoit suspect; c'est un traître dont je veux me venger. Pour vous, dès demain, vous entrerez toutes deux dans un couvent; vous n'avez qu'à vous y préparer; et rendez grace au ciel que ma colère se borne à ce châtiment. En disant cela, il alla s'enfermer dans son cabinet, pour penser mûrement au parti qu'il avoit à prendre dans une conjoncture aussi délicate.

Quelle fut la douleur de Léonor, quand

CHAPITRE V.

elle eut entendu dire que Belflor étoit perfide ! Elle demeura quelque temps immobile ; une pâleur mortelle se répandit sur son visage ; ses esprits l'abandonnèrent, et elle tomba sans mouvement entre les bras de sa gouvernante, qui crut qu'elle alloit expirer. Cette duègne apporta tous ses soins pour la faire revenir de son évanouissement. Elle y réussit. Léonor reprit l'usage de ses sens, ouvrit les yeux, et voyant sa gouvernante empressée à la secourir : Que vous êtes barbare ! lui dit-elle, en poussant un profond soupir ; pourquoi m'avez-vous tirée de l'heureux état où j'étois ? Je ne sentois pas l'horreur de ma destinée. Que ne me laissiez-vous mourir ? Vous qui savez toutes les peines qui doivent troubler le repos de ma vie, pourquoi me la voulez-vous conserver ?

Marcelle essaya de la consoler, mais ne fit que l'aigrir davantage. Tous vos discours sont superflus, s'écria la fille de don Luis ; je ne veux rien écouter : ne perdez pas le temps à combattre mon désespoir; vous devriez plutôt l'irriter, vous qui m'avez plongée dans l'abîme affreux où je suis. C'est vous qui m'avez répondu de la sincérité du comte; sans vous je ne me serois pas livrée à l'inclination que j'avois pour lui; j'en aurois insensiblement triomphé; il n'en auroit jamais, du moins, tiré le moindre avantage. Mais je ne veux pas, poursuivit-elle, vous imputer mon malheur, et je n'en accuse que moi : je ne devois pas suivre vos conseils, en recevant la foi d'un homme sans la participation de mon père. Quelque glorieuse que fût pour moi la recherche du comte de Belflor, il falloit le mépriser plutôt que de le ménager aux dépens de mon honneur; enfin je devois me défier de lui, de vous et de moi. Après avoir été assez foible pour me rendre à ses serments perfides, après l'affliction que je cause au malheureux don Luis, et le déshonneur que je fais à ma famille, je me déteste moi-même; loin de craindre la retraite dont on me menace, je voudrois aller cacher ma honte dans le plus horrible séjour.

En parlant de cette sorte, elle ne se contentoit pas de pleurer abondamment, elle déchiroit ses habits, et s'en prenoit à ses beaux cheveux de l'injustice de son amant. La duègne, pour se conformer à la douleur de sa maîtresse, n'épargna pas les grimaces; elle laissa couler quelques pleurs de commande, fit mille imprécations contre les hommes en général, et en particulier contre Belflor. Est-il possible, s'écria-t-elle, que le comte, qui m'a paru plein de droiture et de probité, soit assez scélérat pour nous avoir trompées toutes deux! Je ne puis revenir de ma surprise, ou plutôt je ne puis encore me persuader cela.

En effet, dit Léonor, quand je me le représente à mes genoux, quelle fille ne se seroit pas fiée à son air tendre, à ses serments dont il prenoit si hardiment le ciel à témoin, à ses transports qui se renouveloient sans cesse? Ses yeux me montroient encore plus d'amour que sa bouche ne m'en exprimoit; en un mot, il paroissoit charmé de ma vue: non, il ne me trompoit point; je ne puis le penser. Mon père ne lui aura point parlé peut-être avec assez de ménagement; ils se seront piqués tous deux, et le comte lui aura moins répondu en amant qu'en grand seigneur. Mais je me flatte aussi peut-être! Il faut que je sorte de cette incertitude : je vais écrire à Belflor, lui mander que je l'attends ici cette nuit; je veux qu'il vienne rassurer mon cœur alarmé, ou me confirmer lui-même sa trahison.

La dame Marcelle applaudit à ce dessein; elle conçut même quelque espérance que le comte, tout ambitieux qu'il étoit, pourroit bien être touché des larmes que Léonor répandroit dans cette entrevue, et se déterminer à l'épouser.

Pendant ce temps-là, Belflor, débarrassé du bon homme don Luis, rêvoit dans son appartement aux suites que pourroit avoir

CHAPITRE V.

la réception qu'il venoit de lui faire. Il jugea bien que tous les Cespèdes, irrités de l'injure, songeroient à la venger; mais cela ne l'inquiétoit que foiblement : l'intérêt de son amour l'occupoit bien davantage. Il pensoit que Léonor seroit mise dans un couvent, ou du moins qu'elle seroit désormais gardée à vue; que, selon toutes les apparences, il ne la reverroit plus. Cette pensée l'affligeoit, et il cherchoit dans son esprit quelque moyen de prévenir ce malheur, lorsque son valet-de-chambre lui apporta une lettre que la dame Marcelle venoit de lui mettre entre les mains; c'étoit un billet de Léonor conçu en ces termes :

« Je dois demain quitter le monde pour
» aller m'ensevelir dans une retraite. Me voir
» déshonorée, odieuse à ma famille et à moi-
» même, c'est l'état déplorable où je suis
» réduite pour vous avoir écouté. Je vous
» attends encore cette nuit. Dans mon dé-
» sespoir, je cherche de nouveaux tour-
» ments : venez m'avouer que votre cœur

» n'a point eu de part aux serments que
» votre bouche m'a faits, ou venez le jus-
» tifier par une conduite qui peut seule
» adoucir la rigueur de mon destin. Comme
» il pourroit y avoir quelque péril dans ce
» rendez-vous, après ce qui s'est passé entre
» vous et mon père, faites-vous accom-
» pagner par un ami. Quoique vous fassiez
» tout le malheur de ma vie, je sens que
» je m'intéresse encore à la vôtre. »

Léonor.

Le comte lut deux ou trois fois cette lettre; et se représentant la fille de don Luis
dans la situation où elle se dépeignoit, il en
fut ému. Il rentra en lui-même : la raison,
la probité, l'honneur, dont sa passion lui
avoit fait violer toutes les lois, commencèrent
à reprendre sur lui leur empire. Il sentit tout
d'un coup dissiper son aveuglement; et,
comme un homme sorti d'un violent accès
de fièvre rougit des paroles et des actions
extravagantes qui lui sont échappées, il eut

CHAPITRE V.

honte de tous les lâches artifices dont il s'étoit servi pour contenter ses désirs.

Qu'ai-je fait? dit-il, malheureux! quel démon m'a possédé! J'ai promis d'épouser Léonor: j'en ai pris le ciel à témoin; j'ai feint que le roi m'avoit proposé un parti: mensonge, perfidie, sacrilége, j'ai tout mis en usage pour corrompre l'innocence. Quelle fureur! Ne valoit-il pas mieux employer mes efforts à détruire mon amour, qu'à le satisfaire par des voies si criminelles? Cependant voilà une fille de condition séduite; je l'abandonne à la colère de ses parents, que je déshonore avec elle, et je la rends misérable pour prix de m'avoir rendu heureux : quelle ingratitude! Ne dois-je pas plutôt réparer l'outrage que je lui fais? Oui, je le dois, et je veux, en l'épousant, dégager la parole que je lui ai donnée. Qui pourroit s'opposer à un dessein si juste? Ses bontés doivent-elles me prévenir contre sa vertu? Non, je sais combien sa résistance m'a coûté à vaincre. Elle s'est moins rendue à mes transports qu'à la foi jurée.... Mais, d'un autre côté, si je me borne à ce choix, je me fais un tort considérable. Moi qui puis aspirer aux plus nobles et aux plus riches héritières de l'état, je me contenterai de la fille d'un simple gentilhomme qui n'a qu'un bien médiocre ! Que pensera-t-on de moi à la cour ? On dira que j'ai fait un mariage ridicule.

Belflor, ainsi partagé entre l'amour et l'ambition, ne savoit à quoi se résoudre ; mais, quoiqu'il fût encore incertain s'il épouseroit Léonor, ou s'il ne l'épouseroit point, il ne laissa pas de se déterminer à l'aller trouver la nuit prochaine, et il chargea son valet-de-chambre d'en avertir la dame Marcelle.

Don Luis, de son côté, passa la journée à songer au rétablissement de son honneur. La conjoncture lui paroissoit fort embarrassante. Recourir aux lois civiles, c'étoit rendre son déshonneur public, outre qu'il craignoit avec grande raison que la justice ne fût d'une part et les juges de l'autre : il n'osoit

CHAPITRE V.

pas non plus aller se jeter aux pieds du roi. Comme il croyoit que ce prince avoit dessein de marier Belflor, il avoit peur de faire une démarche inutile; il ne lui restoit donc que la voie des armes, et ce fut à ce parti qu'il s'arrêta.

Dans la chaleur de son ressentiment, il fut tenté de faire un appel au comte; mais venant à considérer qu'il étoit trop vieux et trop foible pour oser se fier à son bras, il aima mieux s'en remettre à son fils, dont il jugea les coups plus sûrs que les siens. Il envoya donc un de ses domestiques à Alcala, avec une lettre par laquelle il mandoit à son fils de venir incessamment à Madrid venger une offense faite à la famile des Cespèdes.

Ce fils, nommé don Pedre, est un cavalier de dix-huit ans, parfaitement bien fait, et si brave, qu'il passe dans la ville d'Alcala pour le plus redoutable écolier de l'université; mais vous le connoissez, ajouta le Diable, et il n'est pas besoin que je m'étende sur cela. Il est vrai, dit don Cleophas, qu'il a toute la valeur et tout le mérite que l'on puisse avoir.

Ce jeune homme, reprit Asmodée, n'étoit point alors à Alcala, comme son père se l'imaginoit. Le désir de revoir une dame qu'il aimoit l'avoit amené à Madrid. La dernière fois qu'il y étoit venu voir sa famille, il avoit fait cette conquête au Prado. Il n'en savoit pas encore le nom ; on avoit exigé de lui qu'il ne feroit aucune démarche pour s'en informer, et il s'étoit soumis, quoique avec beaucoup de peine, à cette cruelle nécessité. C'étoit une fille de condition qui avoit pris de l'amitié pour lui, et qui, croyant devoir se défier de la discrétion et de la constance d'un écolier, jugeoit à propos de le bien éprouver avant de se faire connoître.

Il étoit plus occupé de son inconnue que de la philosophie d'Aristote, et le peu de chemin qu'il y a d'ici à Alcala étoit cause qu'il faisoit souvent comme vous l'école buissonnière ; avec cette différence, que c'étoit pour un objet qui le méritoit mieux que votre dona Thomasa. Pour dérober la connoissance de

CHAPITRE V.

ses amoureux voyages à don Luis son père, il avoit coutume de loger dans une auberge à l'extrémité de la ville, où il avoit soin de se tenir caché sous un nom emprunté. Il n'en sortoit que le matin à certaine heure, qu'il lui falloit aller à une maison où la dame qui lui faisoit si mal faire ses études avoit la bonté de se rendre, accompagnée d'une femme-de-chambre. Il demeuroit donc enfermé dans son auberge pendant le reste du jour; mais en récompense, dès que la nuit étoit venue, il se promenoit partout dans la ville.

Il arriva qu'une nuit, comme il traversoit une rue détournée, il entendit des voix et des instruments qui lui parurent dignes de son attention. Il s'arrêta pour les écouter; c'étoit une sérénade. Le cavalier qui la donnoit étoit ivre, et naturellement brutal. Il n'eut pas sitôt aperçu notre écolier, qu'il vint à lui avec précipitation, et sans autre compliment : Ami, lui dit-il d'un ton brusque, passez votre chemin ; les gens curieux sont ici fort mal reçus. Je pourrois me retirer, répondit don Pedre, choqué de ces paroles, si vous m'en aviez prié de meilleure grace; mais je veux demeurer pour vous apprendre à parler. Voyons donc, reprit le maître du concert en tirant son épée, qui de nous deux cédera la place à l'autre.

Don Pedre mit aussi l'épée à la main, et ils commencèrent à se battre. Quoique le maître de la sérénade s'en acquittât avec assez d'adresse, il ne put parer un coup mortel qui lui fut porté, et il tomba sur le carreau. Tous les acteurs du concert, qui avoient déjà quitté leurs instruments, et tiré leurs épées pour accourir à son secours, s'avancèrent pour le venger. Ils attaquèrent tous ensemble don Pedre, qui, dans cette occasion, montra ce qu'il savoit faire. Outre qu'il paroit avec une agilité surprenante toutes les bottes qu'on lui portoit, il en poussoit de furieuses, et occupoit à la fois tous ses ennemis.

Cependant ils étoient si opiniâtres et en si

CHAPITRE V.

grand nombre, que, tout habile escrimeur qu'il étoit, il n'auroit pu éviter sa perte, si le comte de Belflor, qui passoit alors par cette rue, n'eût pris sa défense. Le comte avoit du cœur et beaucoup de générosité. Il ne put voir tant de gens armés contre un seul homme sans s'intéresser pour lui. Il tira son épée, et courant se ranger auprès de don Pedre, il poussa si vivement avec lui les acteurs de la sérénade, qu'ils s'enfuirent tous, les uns blessés, et les autres de peur de l'être.

Après leur retraite, l'écolier voulut remercier le comte du secours qu'il en avoit reçu; mais Belflor l'interrompit : Laissons là ces discours, lui dit-il, n'êtes-vous point blessé? Non, répondit don Pedre. Éloignons-nous d'ici, reprit le comte : je vois que vous avez tué un homme; il est dangereux de vous arrêter plus long-temps dans cette rue; la justice pourroit vous y surprendre. Ils marchèrent aussitôt à grands pas, gagnèrent une autre rue, et quand ils furent loin de celle où s'étoit donné le combat, ils s'arrêtèrent.

Don Pedre, poussé par les mouvements d'une juste reconnoissance, pria le comte de ne lui pas cacher le nom du cavalier à qui il avoit tant d'obligation. Belflor ne lui fit aucune difficulté de le lui apprendre, et il lui demanda aussi le sien; mais l'écolier, ne voulant pas se faire connoître, répondit qu'il s'appeloit don Juan de Maros, et l'assura qu'il se souviendroit éternellement de ce qu'il avoit fait pour lui.

Je veux, lui dit le comte, vous offrir dès cette nuit une occasion de vous acquitter envers moi. J'ai un rendez-vous qui n'est pas sans péril; j'allois chercher un ami pour m'y accompagner : je connois votre valeur ; puis-je vous proposer, don Juan, de venir avec moi? Ce doute m'outrage, repartit l'écolier; je ne saurois faire un meilleur usage de la vie que vous m'avez conservée, que de l'exposer pour vous. Partons, je suis prêt à vous suivre. Ainsi Belflor conduisit lui-même don Pedre à la maison de don Luis,

CHAPITRE V.

et ils entrèrent tous deux par le balcon dans l'appartement de Léonor.

Don Cleophas en cet endroit interrompit le Diable : Seigneur Asmodée, lui dit-il, comment est-il possible que don Pedre ne reconnût point la maison de son père ? Il n'avoit garde de la reconnoître, répondit le démon ; c'étoit une nouvelle demeure : don Luis avoit changé de quartier, et logeoit dans cette maison depuis huit jours : ce que don Pedre ne savoit pas : c'est ce que j'allois vous dire lorsque vous m'avez interrompu. Vous êtes trop vif ; vous avez la mauvaise habitude de couper la parole aux gens : corrigez-vous de ce défaut-là.

Don Pedre, continua le boiteux, ne croyoit donc pas être chez son père ; il ne s'aperçut pas non plus que la personne qui les introduisoit étoit la dame Marcelle, puisqu'elle les reçut sans lumière dans une antichambre, où Belflor pria son compagnon de rester pendant qu'il seroit dans la chambre de sa dame. L'écolier y consentit, et s'assit sur une chaise l'épée nue à la main, de peur de surprise. Il se mit à rêver aux faveurs dont il jugea que l'amour alloit combler Belflor, et il souhaitoit d'être aussi heureux que lui : quoiqu'il ne fût pas maltraité de sa dame inconnue, elle n'avoit pas encore pour lui toutes les bontés que Léonor avoit pour le comte.

Pendant qu'il faisoit là-dessus toutes les réflexions que peut faire un amant passionné, il entendit qu'on essayoit doucement d'ouvrir une porte qui n'étoit pas celle des amants, et il vit paroître de la lumière par le trou de la serrure. Il se leva brusquement, s'avança vers la porte qui s'ouvrit, et présenta la pointe de son épée à son père, car c'étoit lui qui venoit dans l'appartement de Léonor pour voir si le comte n'y seroit point. Le bon homme ne croyoit pas, après ce qui s'étoit passé, que sa fille et Marcelle eussent osé le recevoir encore; c'est ce qui l'avoit empêché de les faire coucher dans un autre appartement. Il s'étoit toutefois avisé de

CHAPITRE V.

penser que devant entrer le lendemain dans un couvent, elles auroient peut-être voulu l'entretenir pour la dernière fois.

Qui que tu sois, lui dit l'écolier, n'entre point ici, ou bien il t'en coûtera la vie. A ces mots, don Luis envisagea don Pedre, qui de son côté le regarde avec attention. Ils se reconnoissent. Ah! mon fils, s'écrie le vieillard, avec quelle impatience je vous attendois! pourquoi ne m'avez-vous pas fait avertir de votre arrivée? Craigniez-vous de troubler mon repos? Hélas! je n'en puis prendre, dans la cruelle situation où je me trouve. O mon père! dit don Pedre tout éperdu, est-ce vous que je vois? mes yeux ne sont-ils point déçus par une trompeuse ressemblance? D'où vient cet étonnement? reprit don Luis; n'êtes-vous pas chez votre père? ne vous ai-je pas mandé que je demeure dans cette maison depuis huit jours? Juste ciel! répliqua l'écolier, qu'est-ce que j'entends? je suis donc ici dans l'appartement de ma sœur?

Comme il achevoit ces paroles, le comte,

qui avoit entendu du bruit, et qui crut qu'on attaquoit son escorte, sortit l'épée à la main de la chambre de Léonor. Dès que le vieillard l'aperçut, il devint furieux; et le montrant à son fils: Voilà, s'écria-t-il, l'audacieux qui a ravi mon repos, et porté à notre honneur une mortelle atteinte. Vengeons-nous; hâtons-nous de punir ce traître. En disant cela il tira son épée, qu'il avoit sous sa robe-de-chambre, et voulut attaquer Belflor; mais don Pedre le retint. Arrêtez, mon père, lui dit-il; modérez, je vous prie, les transports de votre colère : quel est votre dessein ? Mon fils, répondit le vieillard, vous retenez mon bras! vous croyez sans doute qu'il manque de force pour nous venger. Hé bien, tirez donc raison vous-même de l'offense qu'on nous a faite ; aussi bien est-ce pour cela que je vous ai mandé de revenir à Madrid. Si vous périssez, je prendrai votre place ; il faut que le comte tombe sous nos coups, ou qu'il nous ôte à tous deux la vie, après nous avoir ôté l'honneur.

Mon père, reprit don Pedre, je ne puis

CHAPITRE V.

accorder à votre impatience ce qu'elle attend de moi. Bien loin d'attenter à la vie du comte, je ne suis venu ici que pour la défendre. Ma parole y est engagée; mon honneur le demande. Sortons, comte, poursuivit-il en s'adressant à Belflor. Ah! lâche, interrompit don Luis, en regardant don Pedre d'un œil irrité; tu t'opposes toi-même à une vengeance qui devroit t'occuper tout entier! Mon fils, mon propre fils est d'intelligence avec le perfide qui a suborné ma fille! Mais n'espère pas tromper mon ressentiment; je vais appeler tous mes domestiques; je veux qu'ils me vengent de sa trahison et de ta lâcheté.

Seigneur, répondit don Pedre, rendez plus de justice à votre fils. Cessez de le traiter de lâche; il ne mérite point ce nom odieux. Le comte m'a sauvé la vie cette nuit. Il m'a proposé, sans me connoître, de l'accompagner à son rendez-vous. Je me suis offert à partager les périls qu'il y pouvoit courir, sans savoir que ma reconnoissance engageoit imprudemment mon bras contre l'honneur de ma famille. Ma parole m'oblige donc à défendre ici ses jours : par là je m'acquitte envers lui ; mais je ne ressens pas moins vivement que vous l'injure qu'il nous a faite ; et dès demain vous me verrez chercher à répandre son sang avec autant d'ardeur que vous m'en voyez aujourd'hui à le conserver.

Le comte, qui n'avoit point parlé jusque-là, tant il avoit été frappé du merveilleux de cette aventure, prit alors la parole : Vous pourriez, dit-il à l'écolier, assez mal venger cette injure par la voie des armes ; je veux vous offrir un moyen plus sûr de rétablir votre honneur. Je vous avouerai que jusqu'à ce jour je n'ai pas eu dessein d'épouser Léonor ; mais ce matin j'ai reçu de sa part une lettre qui m'a touché, et ses pleurs viennent d'achever l'ouvrage ; le bonheur d'être son époux fait à présent ma plus chère envie. Si le roi vous destine une autre femme, dit don Luis, comment vous dispenserez-vous ?... Le roi ne m'a proposé aucun parti, interrompit Belflor en rougissant : pardonnez, de grace, cette fable à un homme dont la raison étoit troublée par l'amour; c'est un crime que la violence de ma passion m'a fait commettre, et que j'expie en vous l'avouant.

Seigneur, reprit le vieillard, après cet aveu qui sied bien à un grand cœur, je ne doute plus de votre sincérité; je vois que vous voulez en effet réparer l'affront que nous avons reçu. Ma colère cède aux assurances que vous m'en donnez: souffrez que j'oublie mon ressentiment dans vos bras. En achevant ces mots, il s'approcha du comte, qui s'étoit avancé pour le prévenir. Ils s'embrassèrent tous deux à plusieurs reprises; ensuite Belflor se tournant vers don Pedre: Et vous, faux don Juan, lui dit-il, vous qui avez déjà gagné mon estime par une valeur incomparable et par des sentiments généreux, venez, que je vous voue une amitié de frère. En disant cela, il embrassa don Pedre, qui reçut ses embrassements d'un air soumis et respectueux, et lui répondit : Seigneur, en me promettant une amitié si précieuse, vous acquérez la mienne ; comptez sur un homme qui vous sera dévoué jusqu'au dernier moment de sa vie.

Pendant que ces cavaliers tenoient de semblables discours, Léonor, qui étoit à la porte de sa chambre, ne perdoit pas un mot de tout ce que l'on disoit. Elle avoit d'abord été tentée de se montrer, et de s'aller jeter au milieu des épées, sans savoir pourquoi. Marcelle l'en avoit empêchée ; mais lorsque cette adroite duègne vit que les affaires se terminoient à l'amiable, elle jugea que la présence de sa maîtresse et la sienne ne gâteroient rien. C'est pourquoi elles parurent toutes deux, le mouchoir à la main, et coururent en pleurant se prosterner devant don Luis. Elles craignoient, avec raison, qu'après les avoir surprises la nuit dernière, il ne leur sût mauvais gré de la récidive ; mais il fit relever Léonor, et lui dit : Ma fille, essuyez vos larmes, je ne vous ferai point de nouveaux reproches; puisque votre amant veut garder la foi qu'il vous a jurée, je consens d'oublier le passé.

Oui, seigneur don Luis, dit le comte, j'épouserai Léonor; et pour réparer encore mieux l'offense que je vous ai faite, pour vous donner une satisfaction plus entière, et à votre fils un gage de l'amitié que je lui ai vouée, je lui offre ma sœur Eugénie. Ah! seigneur, s'écria don Luis avec transport, que je suis sensible à l'honneur que vous faites à mon fils! Quel père fut jamais plus content? Vous me donnez autant de joie que vous m'avez causé de douleur.

Si le vieillard parut charmé de l'offre du comte, il n'en fut pas de même de don Pedre. Comme il étoit fortement épris de son inconnue, il demeura si troublé, si interdit, qu'il ne put dire une parole; mais Belflor, sans faire attention à son embarras, sortit en disant qu'il alloit ordonner les apprêts de cette double union, et qu'il lui tardoit d'être attaché à eux par des chaînes si étroites.

Après son départ, don Luis laissa Léonor dans son appartement, et monta dans le sien avec don Pedre, qui lui dit avec toute la franchise d'un écolier : Seigneur, dispensez-moi, je vous prie, d'épouser la sœur du comte ; c'est assez qu'il épouse Léonor : ce mariage suffit pour rétablir l'honneur de notre famille. Hé quoi ! mon fils, répondit le vieillard, auriez-vous de la répugnance à vous marier avec la sœur du comte ? Oui, mon père, repartit don Pedre ; cette union, je vous l'avoue, seroit un cruel supplice pour moi, et je ne vous en cacherai point la cause. J'aime, ou, pour mieux dire, j'adore depuis six mois une dame charmante : j'en suis écouté ; elle seule peut faire le bonheur de ma vie.

Que la condition d'un père est malheureuse ! dit alors don Luis ; il ne trouve presque jamais ses enfants disposés à faire ce qu'il désire : mais quelle est donc cette personne qui a fait sur vous une si forte impression ? Je ne le sais point encore, lui répondit don Pedre : elle a promis de me l'apprendre lorsqu'elle sera satisfaite de ma constance et de ma discrétion ; mais je ne doute pas que sa maison ne soit une des plus illustres d'Espagne.

Et vous croyez, répliqua le vieillard en changeant de ton, que j'aurai la complaisance d'approuver votre amour romanesque? Je souffrirai que vous renonciez au plus glorieux établissement que la fortune puisse vous offrir, pour vous conserver fidèle à un objet dont vous ne savez pas seulement le nom? N'attendez point cela de ma bonté : étouffez plutôt les sentiments que vous avez pour une personne qui est peut-être indigne de vous les avoir inspirés, et ne songez qu'à mériter l'honneur que le comte veut vous faire. Tous ces discours sont inutiles, mon père, repartit l'écolier; je sens que je ne pourrai jamais oublier mon inconnue : rien ne sera capable de me détacher d'elle. Quand on me proposeroit une infante...... Arrêtez, s'écria brusquement don Luis, c'est trop insolemment vanter une constance qui excite ma colère : sortez, et ne vous présentez plus devant moi, que vous ne soyez prêt à m'obéir.

Don Pedre n'osa répliquer à ces paroles, de peur de s'en attirer de plus dures. Il se retira dans une chambre, où il passa le reste de la nuit à faire des réflexions autant tristes qu'agréables. Il pensoit avec douleur qu'il alloit se brouiller avec toute sa famille, en refusant d'épouser la sœur du comte; mais il en étoit tout consolé, lorsqu'il venoit à se représenter que son inconnue lui tiendroit compte d'un si grand sacrifice. Il se flattoit même qu'après une si belle preuve de fidélité elle ne manqueroit pas de lui découvrir sa condition, qu'il s'imaginoit égale pour le moins à celle d'Eugénie.

Dans cette espérance, il sortit dès qu'il fut jour, et alla se promener au Prado, en attendant l'heure de se rendre au logis de dona Juana ; c'est le nom de la dame chez qui il avoit coutume d'entretenir tous les matins sa maîtresse. Il attendit ce moment avec beaucoup d'impatience, et quand il fut venu, il courut au rendez-vous.

Il y trouva l'inconnue qui s'y étoit rendue de meilleure heure qu'à l'ordinaire ; mais il la trouva qui fondoit en pleurs avec dona Juana, et qui paroissoit agitée d'une vive douleur. Quel spectacle pour un amant! Il s'approcha d'elle tout troublé ; et se jetant à ses genoux : Madame, lui dit-il, que dois-je penser de l'état où je vous vois ? Quel malheur m'annoncent ces larmes qui me percent le cœur ? Vous ne vous attendez pas, lui répondit-elle, au coup fatal que j'ai à vous porter. La fortune cruelle va nous séparer pour jamais : nous ne nous verrons plus.

Elle accompagna ces paroles de tant de soupirs, que je ne sais si don Pedre fut plus touché des choses qu'elle disoit, que de l'affliction dont elle paroissoit saisie en les disant. Juste ciel! s'écria-t-il avec un transport de fureur dont il ne fut pas maître, peux-tu souffrir que l'on détruise une union dont tu connois l'innocence! Mais, madame, ajouta-t-il, vous avez pris peut-être de fausses alarmes. Est-il certain qu'on vous arrache au plus fidèle amant qui fut jamais? Suis-je en effet le plus malheureux de tous les hommes ? Notre infortune n'est que trop assurée, répondit l'inconnue : mon frère, de qui ma main dépend, me marie aujourd'hui ; il vient de me le déclarer lui-même. Eh ! quel est cet heureux époux ? répliqua don Pedre avec précipitation ; nommez-le-moi, madame; je vais dans mon désespoir..... Je ne sais point encore son nom, interrompit l'inconnue; mon frère n'a pas voulu m'en instruire : il m'a dit seulement qu'il souhaitoit que je visse le cavalier auparavant.

Mais, madame, dit don Pedre, vous soumettrez-vous sans résistance aux volontés d'un frère ? Vous laisserez-vous entraîner à l'autel sans vous plaindre d'un si cruel sacrifice? ne ferez-vous rien en ma faveur? Hélas ! je n'ai pas craint de m'exposer à la colère de mon père pour me conserver à vous : ses menaces n'ont pu ébranler ma fidélité ; et, avec quelque rigueur qu'il puisse me traiter, je n'épouserai point la dame qu'on me propose, quoique ce soit un parti très-considérable. Et qui est cette dame ? dit l'inconnue. C'est la sœur du comte de Belflor, répondit l'écolier. Ah ! don Pedre, répliqua l'inconnue, en faisant paroître une extrême surprise, vous vous méprenez sans doute ; vous n'êtes point sûr de ce que vous dites. Est-ce en effet Eugénie, la sœur de Belflor, qu'on vous a proposée ?

Oui, madame, repartit don Pedre, le comte lui-même m'a offert sa main. Hé quoi ! s'écria-t-elle, il seroit possible que vous fussiez ce cavalier à qui mon frère me destine ? Qu'entends-je ! s'écria l'écolier à son tour, la sœur du comte de Belflor seroit mon inconnue ! Oui, don Pedre, repartit Eugénie ; mais peu s'en faut que je ne croie plus l'être en ce moment, tant j'ai de peine à me persuader du bonheur dont vous m'assurez.

A ces mots, don Pedre lui embrassa les genoux, ensuite il lui prit une de ses mains, qu'il baisa avec tous les transports que peut sentir un amant qui passe subitement d'une extrême douleur à un excès de joie. Pendant qu'il s'abandonnoit aux mouvements de son amour, Eugénie, de son côté, lui faisoit mille caresses, qu'elle accompagnoit de mille paroles tendres et flatteuses. Que mon frère, disoit-elle, m'eût épargné de peines s'il m'eût nommé l'époux qu'il me destine ! Que j'avois déjà conçu d'aversion pour cet époux ! Ah ! mon cher don Pedre, que je vous ai haï ! Belle Eugénie, répondoit-il, que cette haine a de charmes pour moi ! Je veux la mériter en vous adorant toute ma vie.

Après que ces deux amants se furent donné toutes les marques les plus touchantes d'une tendresse mutuelle, Eugénie voulut savoir comment l'écolier avoit pu gagner l'amitié de son frère. Don Pedre ne lui cacha point les amours du comte et de sa sœur, et lui raconta tout ce qui s'étoit passé la nuit dernière.

CHAPITRE V.

Ce fut pour elle un surcroît de plaisir d'apprendre que son frère devoit épouser la sœur de son amant. Dona Juana prenoit trop de part au sort de son amie pour n'être pas sensible à cet heureux événement : elle lui en témoigna sa joie, aussi bien qu'à don Pedre, qui se sépara enfin d'Eugénie, après être convenu avec elle qu'ils ne feroient pas semblant tous deux de se connoître quand ils se verroient devant le comte.

Don Pedre s'en retourna chez son père, qui, le trouvant disposé à lui obéir, en fut d'autant plus réjoui, qu'il attribua son obéissance à la manière ferme dont il lui avoit parlé la nuit. Ils attendoient des nouvelles de Belflor, lorsqu'ils reçurent un billet de sa part. Il leur mandoit qu'il venoit d'obtenir l'agrément du roi pour son mariage et pour celui de sa sœur, avec une charge considérable pour don Pedre; que dès le lendemain ces deux mariages se pourroient faire, parce que les ordres qu'il avoit donnés pour cela s'exécutoient avec tant de diligence, que les préparatifs étoient déjà fort avancés. Il vint l'après-dîné confirmer ce qu'il leur avoit écrit et leur présenter Eugénie.

Don Luis fit à cette dame toutes les caresses imaginables, et Léonor ne se lassoit point de l'embrasser. Pour don Pedre, de quelques mouvements d'amour et de joie qu'il fût agité, il se contraignit assez pour ne pas donner au comte le moindre soupçon de leur intelligence.

Comme Belflor s'attachoit particulièrement à observer sa sœur, il crut remarquer, malgré la contrainte qu'elle s'imposoit, que don Pedre ne lui déplaisoit pas. Pour en être plus assuré, il la prit un moment en particulier, et lui fit avouer qu'elle trouvoit le cavalier fort à son gré. Il lui apprit ensuite son nom et sa naissance, ce qu'il n'avoit pas voulu lui dire auparavant, de peur que l'inégalité des conditions ne la prévînt contre lui ; ce qu'elle feignit d'entendre comme si elle l'eût ignoré.

Enfin, après beaucoup de compliments

de part et d'autre, il fut résolu que les noces se feroient chez don Luis. Elles ont été faites ce soir, et ne sont point encore achevées; voilà pourquoi l'on se réjouit dans cette maison. Tout le monde s'y livre à la joie. La seule dame Marcelle n'a point de part à ces réjouissances : elle pleure en ce moment, tandis que les autres rient; car le comte de Belflor, après son mariage, a tout avoué à don Luis, qui a fait enfermer cette duègne *en monasterio de las arrepentidas*, où les mille pistoles qu'elle a reçues pour séduire Léonor serviront à lui en faire faire pénitence le reste de ses jours.

CHAPITRE VI.

Des nouvelles choses que vit don Cleophas, et de quelle manière il fut vengé de dona Thomasa.

Tournons-nous d'un autre côté, poursuivit Asmodée : parcourons de nouveaux objets.

Laissez tomber vos regards sur l'hôtel qui est directement au-dessous de nous; vous y verrez une chose assez rare. C'est un homme chargé de dettes qui dort d'un profond sommeil. Il faut donc que ce soit une personne de qualité? dit Léandro. Justement, répondit le démon. C'est un marquis de cent mille ducats de rente, et dont pourtant la dépense excède le revenu. Sa table et ses maîtresses le mettent dans la nécessité de s'endetter; mais cela ne trouble point son repos; au contraire, quand il veut bien devoir à un marchand, il s'imagine que ce marchand lui a beaucoup d'obligation. C'est chez vous, disoit-il l'autre jour à un drapier, c'est chez vous que je veux désormais prendre à crédit ; je vous donne la préférence.

Pendant que ce marquis goûte si tranquillement la douceur du sommeil qu'il ôte à ses créanciers, considérez un homme qui... Attendez, seigneur Asmodée, interrompit brusquement don Cléophas; j'a-

CHAPITRE VI.

perçois un carrosse dans la rue, je ne veux pas le laisser passer sans vous demander ce qu'il y a dedans. Chut, lui dit le boiteux en baissant la voix, comme s'il eût craint d'être entendu : apprenez que ce carrosse recèle un des plus graves personnages de la monarchie. C'est un président qui va s'égayer chez une vieille Asturienne dévouée à ses plaisirs. Pour n'être pas reconnu, il a pris la précaution que prenoit Caligula, qui mettoit en pareille occasion une perruque pour se déguiser.

Revenons au tableau que je voulois offrir à vos regards quand vous m'avez interrompu. Regardez, tout au haut de l'hôtel du marquis, un homme qui travaille dans un cabinet rempli de livres et de manuscrits. C'est peut-être, dit Zambullo, l'intendant qui s'occupe à chercher les moyens de payer les dettes de son maître. Bon, répondit le Diable, c'est bien à cela vraiment que s'amusent les intendants de ces sortes de maisons ! Ils songent plutôt à profiter du dérangement des affaires qu'à y mettre ordre. Ce n'est donc pas un intendant que vous voyez, c'est un auteur : le marquis le loge dans son hôtel, pour se donner un air de protecteur des gens de lettres. Cet auteur, répliqua don Cleophas, est apparemment un grand sujet. Vous en allez juger, repartit le démon. Il est entouré de mille volumes, et il en compose un où il ne met rien du sien. Il pille dans ces livres et ces manuscrits ; et quoiqu'il ne fasse qu'arranger et lier ses larcins, il a plus de vanité qu'un véritable auteur.

Vous ne savez pas, continua l'esprit, qui demeure à trois portes au-dessous de cet hôtel ? C'est la Chichona, cette même femme dont j'ai fait une si honnête mention dans l'histoire du comte de Belflor. Ah! que je suis ravi de la voir! dit Leandro. Cette bonne personne si utile à la jeunesse est sans doute une de ces deux vieilles que j'aperçois dans une salle basse. L'une a les coudes appuyés sur une table, et regarde

CHAPITRE VI.

attentivement l'autre qui compte de l'argent. Laquelle des deux est la Chichona? C'est, dit le démon, celle qui ne compte point. L'autre, nommée la Pebrada, est une honorable dame de la même profession : elles sont associées, et elles partagent en ce moment les fruits d'une aventure qu'elles viennent de mettre à fin.

La Pebrada est la plus achalandée; elle a la pratique de plusieurs veuves riches à qui elle porte tous les jours sa liste à lire. Qu'appelez-vous la liste ? interrompit l'écolier. Ce sont, repartit Asmodée, les noms de tous les étrangers bien faits qui viennent à Madrid, et surtout des François. D'abord que cette négociatrice apprend qu'il en est arrivé de nouveaux, elle court à leurs auberges s'informer adroitement de quel pays ils sont, de leur naissance, de leur taille, de leur air et de leur âge ; puis elle en fait son rapport à ces veuves, qui font leurs réflexions là-dessus; et si le cœur en dit auxdites veuves, elle les abouche avec lesdits étrangers.

Cela est fort commode, et juste en quelque façon, répliqua Zambullo en souriant ; car enfin, sans ces bonnes dames et leurs agentes, les jeunes étrangers qui n'ont point ici de connoissances perdroient un temps infini à en faire. Mais dites-moi s'il y a de ces veuves et de ces maquignonnes dans les autres pays ? Bon, s'il y en a, répondit le boiteux, en pouvez-vous douter ? Je remplirois bien mal mes fonctions, si je négligeois d'en pourvoir les grandes villes.

Donnez votre attention au voisin de la Chichona, à cet imprimeur qui travaille tout seul dans son imprimerie. Il y a trois heures qu'il a renvoyé ses ouvriers. Il va passer la nuit à imprimer un livre secrétement. Et quel est donc cet ouvrage ? dit Leandro. Il traite des injures, répondit le démon. Il prouve que la religion est préférable au point d'honneur, et qu'il vaut mieux pardonner que venger une offense. Oh ! le maraud d'imprimeur ! s'écria l'écolier ; il fait bien d'imprimer en secret son infame livre. Que l'auteur ne s'avise pas de se faire connoître, je serois le premier à le bâtonner. Est-ce que la religion défend de conserver son honneur ?

N'entrons pas dans cette discussion, interrompit Asmodée avec un souris malin. Il paroît que vous avez bien profité des leçons de morale qui vous ont été données à Alcala; je vous en félicite. Vous direz ce qu'il vous plaira, interrompit à son tour don Cleophas: que l'auteur de ce ridicule ouvrage fasse les plus beaux raisonnements du monde, je m'en moque; je suis Espagnol, rien ne me semble si doux que la vengeance: et puisque vous m'avez promis de punir la perfidie de ma maîtresse, je vous somme de me tenir parole.

Je cède avec plaisir au transport qui vous agite, dit le démon. Que j'aime ces bons naturels qui suivent tous leurs mouvements sans scrupule! Je vais vous satisfaire tout à l'heure, aussi bien le temps de vous venger est arrivé ; mais je veux auparavant vous faire voir une chose très-réjouissante. Portez la vue au-delà de l'imprimerie, et observez bien ce qui se passe dans un appartement tapissé de drap musc. J'y remarque, répondit Leandro, cinq ou six femmes qui donnent, comme à l'envi, des bouteilles de verre à une espèce de valet, et elles me paroissent furieusement agitées.

Ce sont, reprit le boiteux, des dévotes qui ont grand sujet d'être émues. Il y a dans cet appartement un inquisiteur malade. Ce vénérable personnage, qui a près de trente-cinq ans, est couché dans une autre chambre que celle où sont ces femmes. Deux de ses plus chères pénitentes le veillent. L'une fait ses bouillons, et l'autre, à son chevet, a soin de lui tenir la tête chaude, et de lui couvrir la poitrine d'une couverture composée de cinquante peaux de mouton. Quelle est donc sa maladie? répliqua Zambullo. Il est enrhumé du cerveau, repartit le Diable, et il est à craindre que le rhume ne lui tombe sur la poitrine.

CHAPITRE VI.

Ces autres dévotes que vous voyez dans son antichambre accourent avec des remèdes, sur le bruit de son indisposition : l'une apporte, pour la toux, des sirops de jujubes, d'althéa, de corail et de tussilages ; l'autre, pour conserver les poumons de sa révérence, s'est chargée de sirops de longuevie, de véronique, d'immortelle et d'élixir de propriété : une autre, pour lui fortifier le cerveau et l'estomac, a des eaux de mélisse, de cannelle orgée, de l'eau divine et de l'eau thériacale, avec des essences de muscades et d'ambre gris. Celle-ci vient offrir des confections anacardines et bézoardiques ; et celle-là des teintures d'œillets, de corail, de mille-fleurs, de soleil et d'émeraudes. Toutes ces pénitentes zélées vantent au valet de l'inquisiteur les choses qu'elles apportent : elles le tirent à part tour à tour ; et chacune, lui mettant un ducat dans la main, lui dit à l'oreille : Laurent, mon cher Laurent, fais en sorte, je te prie, que ma bouteille ait la préférence.

Parbleu, s'écria don Cleophas, il faut avouer que ce sont d'heureux mortels que ces inquisiteurs. Je vous en réponds, reprit Asmodée; peu s'en faut que je n'envie leur sort : et de même qu'Alexandre disoit un jour qu'il auroit voulu être Diogène s'il n'eût pas été Alexandre, je dirois volontiers que si je n'étois pas diable je voudrois être inquisiteur.

Allons, seigneur écolier, ajouta-t-il, allons présentement punir l'ingrate qui a si mal payé votre tendresse. Alors Zambullo saisit le bout du manteau d'Asmodée, qui fendit une seconde fois les airs avec lui, et alla se poser sur la maison de doña Thomasa.

Cette friponne étoit à table avec les quatre spadassins qui avoient poursuivi Leandro sur les gouttières : il frémit de courroux en les voyant manger deux perdreaux et un lapin qu'il avoit payés et fait porter chez la traîtresse, avec quelques bouteilles de bon vin. Pour surcroît de douleur, il s'apercevoit que la joie régnoit dans le repas, et jugeoit, aux démonstrations de dona Thomasa, que la compagnie de ces malheureux étoit plus agréable que la sienne à cette scélérate. O les bourreaux! s'écria-t-il d'un ton furieux; les voilà qui se régalent à mes dépens ! quelle mortification pour moi !

Je conviens, lui dit le démon, que ce spectacle n'est pas fort réjouissant pour vous; mais quand on fréquente des dames galantes, on doit s'attendre à ces aventures : elles sont arrivées mille fois en France aux abbés, aux gens de robe et aux financiers. Si j'avois une épée, reprit don Cleophas, je fondrois sur ces coquins, et troublerois leurs plaisirs. La partie ne seroit pas égale, repartit le boiteux, si vous les attaquiez tout seul ; laissez-moi le soin de vous venger; j'en viendrai mieux à bout que vous. Je vais mettre la division parmi ces spadassins, en leur inspirant une fureur luxurieuse : ils vont s'armer les uns contre les autres, vous allez voir un beau vacarme.

A ces mots, il souffla, et il sortit de sa bouche une vapeur violette qui descendit en serpentant comme un feu d'artifice, et se répandit sur la table de dona Thomasa. Aussitôt un des convives, sentant l'effet de ce souffle, s'approcha de la dame et l'embrassa avec transport : les autres, entraînés par la force de la même vapeur, voulurent lui arracher la grivoise : chacun demande la préférence; ils se la disputent : une jalouse rage s'empare d'eux; ils en viennent aux mains; ils tirent leurs épées, et commencent un rude combat. Cependant dona Thomasa pousse d'horribles cris : tout le voisinage est bientôt en rumeur; on crie à la justice : la justice vient ; elle enfonce la porte ; elle entre, et trouve deux de ces bretteurs étendus sur le plancher ; elle se saisit des autres et les mène en prison avec la courtisane. Cette malheureuse avoit beau pleurer, s'arracher les cheveux et se désespérer, les gens qui la conduisoient n'en étoient pas plus touchés que Zambullo, qui en faisoit de grands éclats de rire avec Asmodée.

CHAPITRE VI.

Hé bien ! dit ce démon à l'écolier, êtes-vous content? Non, répondit don Cleophas : pour me donner une entière satisfaction, portez-moi sur les prisons, que j'aie le plaisir d'y voir enfermer la misérable qui s'est jouée de mon amour : je me sens pour elle plus de haine en ce moment que je n'ai jamais eu de tendresse. Je le veux bien, lui répliqua le Diable; vous me trouverez toujours prêt à suivre vos volontés, quand elles seroient contraires aux miennes et à mes intérêts, pourvu que ce soit pour votre bien.

Ils volèrent tous deux sur les prisons, où bientôt arrivèrent les deux spadassins, qui furent logés dans un cachot noir. Pour Thomasa, on la mit sur la paille, avec trois ou quatre femmes de mauvaise vie qu'on avoit arrêtées le même jour, et qui devoient être transférées le lendemain au lieu destiné pour ces sortes de créatures.

Je suis à présent satisfait, dit Zambullo ; j'ai goûté une pleine vengeance ; ma mie Thomasa ne passera pas la nuit aussi agréablement qu'elle se l'étoit promis. Nous irons où il vous plaira continuer nos observations. Nous sommes ici dans un endroit propre à cela, répondit l'esprit. Il y a dans ces prisons un grand nombre de coupables et d'innocents : c'est un séjour qui sert à commencer le châtiment des uns et à purifier la vertu des autres. Il faut que je vous montre quelques prisonniers de ces deux espèces, et que je vous dise pourquoi on les retient dans les fers.

CHAPITRE VII.

Des prisonniers.

Avant que j'entre dans ce détail, observez un peu les guichetiers qui sont à l'entrée de ces horribles lieux. Les poëtes de l'antiquité n'ont mis qu'un Cerbère à la porte de leurs enfers; il y en a ici bien davantage, comme vous voyez. Ces guichetiers sont des hommes qui ont perdu tout sentiment humain :

CHAPITRE VII.

le plus méchant de mes confrères pourroit à peine en remplacer un. Mais je m'aperçois, ajouta-t-il, que vous considérez avec horreur ces chambres où il n'y a pour tous meubles que des grabats : ces cachots affreux vous paroissent autant de tombeaux. Vous êtes justement étonné de la misère que vous y remarquez, et vous déplorez le sort des malheureux que la justice y retient : cependant ils ne sont pas tous également à plaindre; c'est ce que nous allons examiner.

Premièrement, il y a, dans cette grande chambre à droite, quatre hommes couchés dans ces deux mauvais lits; l'un est un cabaretier accusé d'avoir empoisonné un étranger qui creva l'autre jour dans sa taverne. On prétend que la qualité du vin a fait mourir le défunt; l'hôte soutient que c'est la quantité, et il sera cru en justice, car l'étranger étoit Allemand. Et qui a raison du cabaretier ou de ses accusateurs? dit don Cleophas. La chose est problématique, répondit le Diable. Il est bien vrai que le vin étoit frelaté ; mais, ma foi, le seigneur allemand en a tant bu, que les juges peuvent en conscience remettre en liberté le cabaretier.

Le second prisonnier est un assassin de profession, un de ces scélérats qu'on appelle *valientes*, et qui, pour quatre ou cinq pistoles, prêtent obligeamment leur ministère à tous ceux qui veulent faire cette dépense pour se débarrasser de quelqu'un secrétement: le troisième, un maître à danser qui s'habille comme un petit-maître, et qui a fait faire un mauvais pas à une de ses écolières; et le quatrième, un galant qui a été surpris la semaine passée par la *ronda*, dans le temps qu'il montoit par un balcon à l'appartement d'une femme qu'il connoît, et dont le mari est absent. Il ne tient qu'à lui de se tirer d'affaire, en déclarant son commerce amoureux; mais il aime mieux passer pour un voleur, et s'exposer à perdre la vie, que de commettre l'honneur de sa dame.

Voilà un amant bien discret, dit l'écolier; il faut avouer que notre nation l'emporte sur les autres en fait de galanterie. Je vais parier qu'un François, par exemple, ne seroit pas capable, comme nous, de se laisser pendre par discrétion. Non, je vous assure, dit le Diable; il monteroit plutôt exprès à un balcon pour déshonorer une femme qui auroit des bontés pour lui.

Dans un cabinet auprès de ces quatre hommes, poursuivit-il, est une fameuse sorcière, qui a la réputation de savoir faire des choses impossibles. Par le pouvoir de son art, de vieilles douairières trouvent, dit-on, des jeunes gens qui les aiment but à but, les maris deviennent fidèles à leurs femmes, et les coquettes, véritablement amoureuses des riches cavaliers qui s'attachent à elles; mais il n'y a rien de plus faux que tout cela. Elle ne possède point d'autre secret que celui de persuader qu'elle en a, et de vivre commodément de cette opinion. Le saint-office réclame cette créature-là, qui pourra bien être brûlée au premier acte de foi.

Au-dessous du cabinet il y a un cachot noir qui sert de gîte à un jeune cabaretier. Encore un hôte de taverne ! s'écria Leandro ; ces sortes de gens-là veulent-ils donc empoisonner tout le monde ? Celui-ci, reprit Asmodée, n'est pas dans le même cas. On arrêta ce misérable avant-hier, et l'inquisition le réclame aussi. Je vais en peu de mots vous dire le sujet de sa détention.

Un vieux soldat, parvenu par son courage, ou plutôt par sa patience, à l'emploi de sergent dans sa compagnie, vint faire des recrues à Madrid. Il alla demander un logement dans un cabaret : on lui dit qu'il y avoit, à la vérité, des chambres vides, mais qu'on ne pouvoit lui en donner aucune, parce qu'il revenoit toutes les nuits dans la maison un esprit qui maltraitoit fort les étrangers, quand ils avoient la témérité d'y vouloir coucher. Cette nouvelle ne rebuta point le sergent. Que l'on me mette, dit-il, dans la chambre qu'on voudra ; donnez-moi de la lumière, du vin, une pipe et du tabac; et soyez sans inquiétude

CHAPITRE VII.

sur le reste; les esprits ont de la considération pour les gens de guerre qui ont blanchi sous le harnois.

On mena le sergent dans une chambre, puisqu'il paroissoit si résolu, et on lui porta tout ce qu'il avoit demandé. Il se mit à boire et à fumer. Il étoit déjà plus de minuit, que l'esprit n'avoit point encore troublé le profond silence qui régnoit dans la maison: on eût dit qu'effectivement il respectoit ce nouvel hôte; mais entre une heure et deux, le grivois entendit tout à coup un bruit horrible, comme de ferrailles, et vit bientôt entrer dans sa chambre un fantôme épouvantable vêtu de drap noir, et tout entortillé de chaînes de fer. Notre fumeur ne fut pas autrement ému de cette apparition: il tira son épée, s'avança vers l'esprit, et lui en déchargea du plat sur la tête un assez rude coup.

Le fantôme, peu accoutumé à trouver des hôtes si hardis, fit un cri; et remarquant que le soldat se préparoit à recommencer, il se prosterna très-humblement devant lui, en disant : De grace, seigneur sergent, ne m'en donnez pas davantage : ayez pitié d'un pauvre diable qui se jette à vos pieds pour implorer votre clémence ; je vous en conjure par Saint Jacques, qui étoit, comme vous, un grand spadassin. Si tu veux conserver ta vie, répondit le soldat, il faut que tu me dises qui tu es, et que tu me parles sans déguisement, ou bien je vais te fendre en deux, comme les chevaliers du temps passé fendoient les géants qu'ils rencontroient. A ces mots, l'esprit, voyant à qui il avoit affaire, prit le parti d'avouer tout.

Je suis, dit-il au sergent, le maître garçon de ce cabaret : je m'appelle Guillaume ; j'aime Juanilla, qui est la fille unique du logis, et je ne lui déplais pas ; mais comme son père et sa mère ont en vue une alliance plus relevée que la mienne, pour les obliger à me choisir pour gendre, nous sommes convenus, la petite fille et moi, que je ferois toutes les nuits le personnage que je fais : je m'enveloppe le corps d'un long manteau noir, et je me pends au cou une chaîne de tourne-broche, avec laquelle je cours toute la maison, depuis la cave jusqu'au grenier, en faisant tout le bruit que vous avez entendu. Quand je suis à la porte de la chambre du maître et de la maîtresse, je m'arrête et m'écrie : « N'espérez pas que je vous laisse » en repos, que vous n'ayez marié Juanilla » avec votre maître garçon. »

Après avoir prononcé ces paroles d'une voix que j'affecte grosse et cassée, je continue mon carillon, et j'entre ensuite par une fenêtre dans un cabinet où Juanilla couche seule, et je lui rends compte de ce que j'ai fait. Seigneur sergent, continua Guillaume, vous jugez bien que je vous dis la vérité : je sais qu'après cet aveu vous pouvez me perdre, en apprenant à mon maître ce qui se passe; mais si vous voulez me servir, au lieu de me rendre ce mauvais office, je vous jure que ma reconnoissance.... Eh ! quel service peux-tu attendre de moi ? interrompit le soldat. Vous n'avez, reprit le jeune homme, qu'à dire que vous avez vu l'esprit, et qu'il vous a fait si grand'peur.... Comment, ventrebleu, grand'peur! interrompit encore le grivois; vous voulez que le sergent Annibal Antonio Quebrantador aille dire qu'il a eu peur? j'aimerois mieux que cent mille diables m'eussent....Cela n'est pas absolument nécessaire, interrompit à son tour Guillaume; et après tout, il m'importe peu de quelle façon vous parliez, pourvu que vous secondiez mon dessein. Lorsque j'aurai épousé Juanilla, et que je serai établi, je promets de vous régaler tous les jours pour rien, vous et tous vos amis. Vous êtes séduisant, monsieur Guillaume, s'écria le grivois : vous me proposez d'appuyer une fourberie; l'affaire ne laisse pas d'être sérieuse; mais vous vous y prenez d'une manière qui m'étourdit sur les conséquences. Allez, continuez de faire du bruit et d'en rendre compte à Juanilla, je me charge du reste.

En effet, dès le lendemain matin le sergent

CHAPITRE VII.

dit à l'hôte et à l'hôtesse : j'ai vu l'esprit : je l'ai entretenu; il est très-raisonnable. Je suis, m'a-t-il dit, le bisaïeul du maître de ce cabaret. J'avois une fille que je promis au père du grand-père de son garçon; néanmoins, au mépris de ma foi, je la mariai à un autre, et je mourus peu de temps après. Je souffre depuis ce temps-là ; je porte la peine de mon parjure, et je ne serai point en repos que quelqu'un de ma race n'ait épousé une personne de la famille de Guillaume. C'est pourquoi je reviens toutes les nuits dans cette maison; cependant j'ai beau dire que l'on marie ensemble Juanilla et le maître garçon, le fils de mon petit-fils fait la sourde oreille, aussi bien que sa femme : mais dites-leur, s'il vous plaît, seigneur sergent, que s'ils ne font au plutôt ce que je désire, j'en viendrai avec eux aux voies de fait; je les tourmenterai l'un et l'autre d'une étrange façon.

L'hôte est un homme assez simple, il fut ébranlé de ce discours; et l'hôtesse encore plus foible que son mari, croyant déjà voir le revenant à ses trousses, consentit à ce mariage, qui se fit le jour suivant. Guillaume, peu de temps après, s'établit dans un autre quartier de la ville : le sergent Quebrantador ne manqua pas de le visiter fréquemment, et le nouveau cabaretier, par reconnoissance, lui donna d'abord du vin à discrétion ; ce qui plaisoit si fort au grivois, qu'il menoit tous ses amis à ce cabaret; il y faisoit même ses enrôlements, et y enivroit la recrue.

Mais enfin l'hôte se lassa d'abreuver tant de gosiers altérés. Il dit sur cela sa pensée au soldat, qui, sans songer qu'effectivement il passoit la convention, fut assez injuste pour traiter Guillaume de petit ingrat. Celui-ci répondit, l'autre répliqua, et la conversation finit par quelques coups de plat d'épée que le cabaretier reçut. Plusieurs passants voulurent prendre le parti du bourgeois; Quebrantador en blessa trois ou quatre, et n'en seroit pas demeuré là, si tout à coup il n'eût été assailli par une foule d'archers qui l'arrêtèrent comme un perturbateur du repos

CHAPITRE VII.

public. Ils le conduisirent en prison, où il a déclaré tout ce que je viens de vous dire; et, sur sa déposition, la justice s'est emparée de Guillaume. Le beau-père demande que le mariage soit cassé; et le saint-office, informé que Guillaume a de bons effets, veut connoître de cette affaire.

Vive Dieu! dit don Cleophas, la sainte-inquisition est bien alerte! Sitôt qu'elle voit le moindre jour à tirer quelque profit..... Doucement, interrompit le boiteux; gardez-vous bien de vous lâcher contre ce tribunal, il a des espions partout: on lui rapporte jusqu'à des choses qui n'ont jamais été dites: je n'ose en parler moi-même qu'en tremblant.

Au-dessus de l'infortuné Guillaume, dans la première chambre à gauche, il y a deux hommes dignes de votre pitié : l'un est un jeune valet-de-chambre que la femme de son maître traitoit en particulier comme un amant. Un jour le mari les surprit tous deux; la femme aussitôt se met à crier au secours, et dit que le valet-de-chambre lui a fait violence. On arrêta ce pauvre malheureux, qui, selon toutes les apparences, sera sacrifié à la réputation de sa maîtresse.

Le compagnon du valet-de-chambre, encore moins coupable que lui, est sur le point de perdre la vie. Il est écuyer d'une duchesse à qui l'on a volé un gros diamant : on l'accuse de l'avoir pris ; il aura demain la question, où il sera tourmenté jusqu'à ce qu'il confesse avoir fait le vol ; et toutefois la personne qui en est l'auteur est une femme-de-chambre favorite qu'on n'oseroit soupçonner.

Ah ! seigneur Asmodée, dit Leandro, rendez, je vous prie, service à cet écuyer : on innocence m'intéresse pour lui; dérobez-le, par votre pouvoir, aux injustes et cruels supplices qui le menacent : il mérite que…. Vous n'y pensez pas, seigneur écolier, interrompit le Diable : pouvez-vous demander que je m'oppose à une action inique, et que j'empêche un innocent de périr ? C'est prier un procureur de ne pas ruiner une veuve ou un orphelin.

CHAPITRE VII.

Oh! s'il vous plaît, ajouta-t-il, n'exigez pas de moi que je fasse quelque chose qui soit contraire à mes intérêts, à moins que vous n'en tiriez un avantage considérable. D'ailleurs, quand je voudrois délivrer ce prisonnier, le pourrois-je? Comment donc, répliqua Zambullo, est-ce que vous n'avez pas la puissance d'enlever un homme de la prison? Non certainement, repartit le boiteux. Si vous aviez lu l'Enchiridion, ou Albert le grand, vous sauriez que je ne puis, non plus que mes confrères, mettre un prisonnier en liberté : moi-même, si j'avois le malheur d'être entre les griffes de la justice, je ne pourrois m'en tirer qu'en finançant.

Dans la chambre prochaine, du même côté, loge un chirurgien convaincu d'avoir, par jalousie, fait à sa femme une saignée comme celle de Sénèque : il a eu aujourd'hui la question ; et, après avoir confessé le crime dont on l'accusoit, il a déclaré que depuis dix ans il s'est servi d'un moyen assez nouveau pour se faire des pratiques. Il blessoit la nuit les passants avec une bayonnette, et se sauvoit chez lui par une petite porte de derrière. Cependant le blessé poussoit des cris qui attiroient les voisins à son secours : le chirurgien y accouroit lui-même comme les autres, et trouvant un homme noyé dans son sang, il le faisoit porter dans sa boutique, où il le pansoit de la même main dont il l'avoit frappé.

Quoique ce chirurgien cruel ait fait cette déclaration, et qu'il mérite mille morts, il ne laisse pas de se flatter qu'on lui fera grace; et c'est ce qui pourra fort bien arriver, parce qu'il est parent de madame la remueuse de l'infant : outre cela, je vous dirai qu'il a chez lui une eau merveilleuse, que lui seul sait composer, une eau qui a la vertu de blanchir la peau, et de faire d'un visage décrépit une face enfantine ; et cette eau incomparable sert de fontaine de Jouvence à trois dames du palais qui se sont jointes ensemble pour le sauver. Il compte si fort sur leur crédit, ou si vous voulez, sur son eau,

CHAPITRE VII.

qu'il s'est endormi tranquillement , dans l'espérance qu'à son réveil il recevra l'agréable nouvelle de son élargissement.

J'aperçois sur un grabat, dans la même chambre, dit l'écolier, un autre homme qui dort, ce me semble, aussi d'un sommeil paisible ; il faut que son affaire ne soit pas bien mauvaise. Elle est fort délicate, répondit le démon. Ce cavalier est un gentilhomme biscaïen qui s'est enrichi d'un coup d'escopette ; et voici comment. Il y a quinze jours que, chassant dans une forêt avec son frère aîné, qui jouissoit d'un revenu considérable, il le tua par malheur, en tirant sur des perdreaux. L'heureux *quiproquo* pour un cadet ! s'écria don Cléophas en riant. Oui, reprit Asmodée ; mais les collatéraux, qui voudroient bien s'approprier la succession du défunt, poursuivent en justice son meurtrier, qu'ils accusent d'avoir fait le coup pour devenir unique héritier de sa famille. Il s'est de lui-même constitué prisonnier ; et il paroît si affligé de la mort de son frère, qu'on ne sauroit s'imaginer qu'il ait eu intention de lui ôter la vie. Et n'a-t-il effectivement rien à se reprocher là-dessus que son peu d'adresse? répliqua Leandro. Non, repartit le boiteux, il n'a pas eu une mauvaise volonté ; mais lorsqu'un fils aîné possède tout le bien d'une maison, je ne lui conseille pas de chasser avec son cadet.

Examinez bien ces deux adolescents qui, dans un petit réduit auprès du gentilhomme de Biscaye, s'entretiennent aussi gaiement que s'ils étoient en liberté. Ce sont deux véritables *picaros*. Il y en a principalement un qui pourra donner quelque jour au public un détail de ses espiègleries : c'est un nouveau Gusman d'Alfarache ; c'est celui qui a un pourpoint de velours brun, et un plumet à son chapeau.

Il n'y a pas trois mois qu'il étoit dans cette ville page du comte d'Onate, et il seroit encore au service de ce seigneur, sans une fourberie qui est la cause de sa prison, et que je veux vous conter.

CHAPITRE VII.

Ce garçon, nommé Domingo, reçut un jour chez le comte cent coups de fouet, que l'écuyer de salle, autrement le gouverneur des pages, lui fit rudement appliquer pour certain tour d'habileté qui le méritoit. Il eut long-temps sur le cœur cette petite correction-là, et il résolut de s'en venger. Il avoit remarqué plus d'une fois que le seigneur don Côme, c'est le nom de l'écuyer, se lavoit les mains avec de l'eau de fleur d'orange, et se frottoit le corps avec des pâtes d'œillet et de jasmin; qu'il avoit plus de soin de sa personne qu'une vieille coquette, et qu'enfin c'étoit un de ces fats qui s'imaginent qu'une femme ne sauroit les voir sans les aimer. Cette remarque lui fournit une idée de vengeance qu'il communiqua à une jeune soubrette de son voisinage, de laquelle il avoit besoin pour l'exécution de son projet, et dont il étoit tellement ami, qu'il ne pouvoit le devenir davantage.

Cette suivante, appelée Floretta, pour avoir la liberté de lui parler plus aisément, le faisoit passer pour son cousin dans la maison de dona Luziana, sa maîtresse, dont le père étoit alors absent. Le malin Domingo, après avoir instruit sa fausse parente de ce qu'elle avoit à faire, entra un matin dans la chambre de don Côme, où il trouva cet écuyer qui essayoit un habit neuf, se regardoit avec complaisance dans un miroir, et paroissoit charmé de sa figure. Le page fit semblant d'admirer ce Narcisse, et lui dit avec un feint transport : En vérité, seigneur don Côme, vous avez la mine d'un prince. Je vois tous les jours des grands superbement vêtus ; cependant, malgré leurs riches habits, ils n'ont pas votre prestance. Je ne sais, ajouta-t-il, si, étant votre serviteur autant que je le suis, je vous considère avec des yeux trop prévenus en votre faveur; mais, franchement, je ne vois point à la cour de cavalier que vous n'effaciez.

L'écuyer sourit à ce discours qui flattoit agréablement sa vanité, et répondit en faisant l'aimable : Tu me flattes, mon ami, ou

CHAPITRE VII. 151

bien il faut en effet que tu m'aimes, et que ton amitié me prête des graces que la nature m'a refusées. Je ne le crois pas, répliqua le flatteur; car il n'y a personne qui ne parle de vous aussi avantageusement que moi. Je voudrois que vous eussiez entendu ce que me disoit encore hier une de mes cousines qui sert une fille de qualité.

Don Côme ne manqua pas de demander ce que cette cousine avoit dit. Comment! reprit le page; elle s'étendit sur la richesse de votre taille, sur l'agrément qu'on voit répandu dans toute votre personne; et ce qu'il y a de meilleur, c'est qu'elle me dit confidemment que dona Luziana, sa maîtresse, prenoit plaisir à vous regarder au travers de sa jalousie, toutes les fois que vous passiez devant sa maison.

Qui peut être cette dame? dit l'écuyer, et où demeure-t-elle? Quoi! répondit Domingo, vous ne savez pas que c'est la fille unique du mestre-de-camp don Fernando, notre voisin? Ah! je suis à présent au fait, reprit don

Côme. Je me souviens d'avoir ouï vanter le bien et la beauté de cette Luziana ; c'est un excellent parti. Mais seroit-il possible que je me fusse attiré son attention ? N'en doutez pas, repartit le page ; ma cousine me l'a dit : quoique soubrette, ce n'est point une menteuse, et je vous réponds d'elle comme de moi-même. Cela étant, dit l'écuyer, il me prend envie d'avoir une conversation particulière avec ta parente, de la mettre dans mes intérêts par quelques petits présents, suivant l'usage ; et si elle me conseille de rendre des soins à sa maîtresse, je tenterai la fortune. Pourquoi non ? Je conviens qu'il y a de la distance de mon rang à celui de don Fernando ; mais je suis gentilhomme une fois, et je possède cinq cents bons ducats de rente. Il se fait tous les jours des mariages plus extravagants que celui-là.

Le page fortifia son gouverneur dans sa résolution, et lui ménagea une entrevue avec la cousine, qui, trouvant l'écuyer disposé à tout croire, l'assura que sa maîtresse avoit du goût pour lui. Elle m'a souvent interrogée sur votre chapitre, lui dit-elle, et ce que je lui ai répondu là-dessus ne doit pas vous avoir nui : enfin, seigneur écuyer, vous pouvez vous flatter justement que dona Luziana vous aime en secret. Faites-lui hardiment connoître vos légitimes intentions ; montrez-lui que vous êtes le cavalier de Madrid le plus galant, comme vous en êtes le plus beau et le mieux fait ; donnez-lui surtout des sérénades, rien ne lui sera plus agréable : de mon côté je lui ferai bien valoir vos galanteries, et j'espère que mes bons offices ne vous seront pas inutiles. Don Côme, transporté de joie de voir la soubrette entrer si chaudement dans ses intérêts, l'accabla d'embrassades ; et lui mettant au doigt une bague de peu de valeur, qu'il avoit apportée exprès pour lui en faire présent : Ma chère Floretta, lui dit-il, je ne vous donne ce diamant que pour faire connoissance avec vous : j'ai dessein de reconnoître, par une plus solide récompense, les services que vous me rendrez.

On ne sauroit être plus satisfait qu'il le fut de son entretien avec la suivante. Aussi, non-seulement il remercia Domingo de le lui avoir procuré, il le gratifia d'une paire de bas de soie et de quelques chemises garnies de dentelles, lui promettant d'ailleurs de ne laisser échapper aucune occasion de lui être utile. Ensuite le consultant sur ce qu'il avoit à faire : Mon ami, lui dit-il, quel est ton sentiment ? me conseilles-tu de débuter par une lettre passionnée et sublime à dona Luziana ? C'est mon avis, répondit le page : faites-lui une déclaration d'amour en haut style ; j'ai un pressentiment qu'elle ne la recevra pas mal. Je le crois de même, reprit l'écuyer ; je vais à tout hasard commencer par là. Aussitôt il se mit à écrire ; et, après avoir déchiré pour le moins vingt brouillons, il parvint à faire un billet doux auquel il s'arrêta. Il en fit la lecture à Domingo, qui, l'ayant écouté avec des gestes d'admiration, se chargea de le porter sur-le-champ à sa cousine. Il étoit conçu dans ces termes fleuris et recherchés :

CHAPITRE VII.

« Il y a long-temps, charmante Luziana,
» que, sur la foi de la renommée qui publie
» par-tout vos perfections, je me suis laissé
» enflammer d'un ardent amour pour vous.
» Néanmoins, malgré les feux dont je suis
» la proie, je n'ai osé hasarder aucun acte
» de galanterie : mais, comme il m'est re-
» venu que vous daignez arrêter vos regards
» sur moi quand je passe devant la jalousie
» qui dérobe aux yeux des hommes votre
» beauté céleste, et même que, par une
» influence de votre astre, très-heureuse
» pour moi, vous inclinez à me vouloir du
» bien, je prends la liberté de vous deman-
» der la permission de me consacrer à votre
» service. Si je suis assez fortuné pour l'ob-
» tenir, je renonce à toutes les dames pas-
» sées, présentes et à venir.

« Don Côme de la Higuera. »

Le page et la suivante ne manquèrent pas
de s'égayer aux dépens du seigneur don
Côme, et de se divertir de sa lettre. Ils n'en

demeurèrent pas là : ils composèrent à frais communs un billet tendre, que la femme-de-chambre écrivit de sa main, et que Domingo rendit le jour suivant à l'écuyer, comme une réponse de dona Luziana. Il contenoit ces paroles :

« J'ignore qui peut vous avoir si bien ins-
» truit de mes sentiments secrets. C'est une
» trahison que quelqu'un m'a faite ; mais je
» la lui pardonne, puisqu'elle est cause que
» vous m'apprenez que vous m'aimez. De
» tous les hommes que je vois passer dans
» ma rue vous êtes celui que je prends le
» plus de plaisir à regarder, et je veux bien
» que vous soyez mon amant : peut-être ne
» devrois-je pas le vouloir, et encore moins
» vous le dire. Si c'est une faute que je fais,
» votre mérite me rend excusable.

« Dona Luziana. »

Quoique cette réponse fût un peu vive pour la fille d'un mestre-de-camp., car les auteurs n'y avoient pas regardé de si près, le présomptueux don Côme ne s'en défia point: il s'estimoit assez pour s'imaginer qu'une dame pouvoit oublier pour lui les bienséances. Ah! Domingo, s'écria-t-il d'un air triomphant, après avoir lu à haute voix la lettre supposée, tu vois, mon ami, si la voisine en tient : je serai bientôt gendre de don Fernand, ou je ne suis pas don Côme de la Higuera.

Il n'en faut pas douter, dit le bourreau de confident; vous avez fait sur sa fille une furieuse impression. Mais à propos, ajouta-t-il, je me souviens que ma parente m'a bien recommandé de vous dire que dès demain, tout au plus tard, il étoit nécessaire que vous donnassiez une sérénade à sa maîtresse, pour achever de la rendre folle de votre seigneurie. Je le veux bien, dit l'écuyer : tu peux assurer ta cousine que je suivrai son conseil, et que demain, sans faute, elle entendra dans sa rue, au milieu de la nuit, un des plus galants concerts qu'on ait jamais entendu à Madrid. En effet, il alla trouver un habile musicien ; et, après lui avoir communiqué son projet, il le chargea du soin de l'exécution.

Tandis qu'il étoit occupé de sa sérénade, Floretta, que le page avoit prévenue, voyant sa maîtresse en bonne humeur, lui dit : Madame, je vous apprête un agréable divertissement. Luziana lui demanda ce que c'étoit. Oh ! vraiment, reprit la soubrette en riant comme une folle, il y a bien des affaires. Un original nommé don Côme, gouverneur des pages du comte d'Onate, s'est avisé de vous choisir pour la dame souveraine de ses pensées, et doit demain au soir, afin que vous n'en ignoriez, vous régaler d'un admirable concert de voix et d'instruments. Dona Luziana, qui naturellement étoit fort gaie, qui d'ailleurs croyoit les galanteries de l'écuyer sans conséquense pour elle, bien loin de prendre son sérieux, se fit par avance un plaisir d'entendre sa sérénade. Ainsi cette dame, sans le savoir, aidoit à confirmer don Côme dans une erreur dont elle se seroit fort offensée si elle l'eût connue.

CHAPITRE VII.

Enfin, la nuit du jour suivant, il parut devant le balcon de Luziana deux carrosses, d'où sortirent le galant écuyer et son confident, accompagnés de six hommes, tant chanteurs que joueurs d'instruments, qui commencèrent leur concert. Il dura fort long-temps. Ils jouèrent un grand nombre d'airs nouveaux, et chantèrent plusieurs couplets de chansons, qui rouloient tous sur le pouvoir que l'amour a d'unir des amants d'une inégale condition ; et à chaque couplet, dont la fille du mestre-de-camp se faisoit l'application, elle rioit de tout son cœur.

Lorsque la sérénade fut finie, don Côme renvoya les musiciens chez eux, dans les mêmes carrosses qui les avoient amenés, et demeura dans la rue avec Domingo, jusqu'à ce que les curieux que la musique avoit attirés se furent retirés. Après quoi il s'approcha du balcon, d'où bientôt la suivante, avec la permission de sa maîtresse, lui dit par une petite fenêtre de la jalousie : Est-ce vous, seigneur don Côme ? Qui me fait cette question? répondit-il d'une voix doucereuse. C'est, répliqua la soubrette, dona Luziana qui souhaite de savoir si le concert que nous venons d'entendre est un effet de votre galanterie. Ce n'est, repartit l'écuyer, qu'un échantillon des fêtes que mon amour prépare à cette merveille de nos jours, si elle veut bien les recevoir d'un amant sacrifié sur l'autel de sa beauté.

A cette expression figurée, la dame n'eut pas peu d'envie de rire : elle se retint toutefois; et se mettant à la petite fenêtre, elle dit à l'écuyer, le plus sérieusement qu'il lui fut possible : seigneur don Côme, il paroît bien que vous n'êtes pas un galant novice; c'est de vous que les cavaliers amoureux doivent apprendre à servir leurs maîtresses. Je suis très-contente de votre sérénade, et je vous en tiendrai compte : mais, ajouta-t-elle, retirez-vous, on peut nous écouter; une autre fois nous aurons un plus long entretien. En achevant ces mots, elle ferma la fenêtre, laissant l'écuyer dans la rue, fort satisfait de

CHAPITRE VII. 161

la faveur qu'elle venoit de lui faire, et le page bien étonné de la voir jouer un rôle dans cette comédie.

Cette petite fête, en y comprenant les carrosses et la prodigieuse quantité de vin bu par les musiciens, coûta cent ducats à don Côme; et deux jours après son confident l'engagea dans une nouvelle dépense : voici de quelle manière. Ayant appris que Floretta devoit, la nuit de la Saint-Jean, nuit si célébrée dans cette ville, aller avec d'autres filles de son espèce *à la fiesta del sotillo* *, il entreprit de leur donner un déjeûner magnifique aux dépens de l'écuyer.

Seigneur don Côme, lui dit-il la veille de la Saint-Jean, vous savez quelle fête c'est demain ? Je vous avertis que dona Luziana se propose d'être à la pointe du jour sur les bords du Mançanarez pour voir le *sotillo*; je crois qu'il n'est pas besoin d'en dire davantage au coriphée des cavaliers galants : vous n'êtes pas homme à négliger une si belle

* Sorte de danse particulière aux Espagnols.

occasion ; je suis persuadé que votre dame et sa compagnie seront demain bien régalées. C'est de quoi je puis te répondre, lui dit son gouverneur ; je te rends graces de l'avis : tu verras si je sais prendre la balle au bond. Effectivement, le lendemain de grand matin, quatre valets de l'hôtel, conduits par Domingo, et chargés de toutes sortes de viandes froides accommodées de différentes façons, avec une infinité de petits pains et de bouteilles de vins délicieux, arrivèrent sur le rivage du Mançanarez, où Floretta et ses compagnes dansoient comme des nymphes au lever de l'aurore.

Elles n'eurent pas peu de joie quand le page vint interrompre leurs danses légères, pour leur offrir un solide déjeûner de la part du seigneur don Côme. Elles s'assirent aussitôt sur l'herbe, et commencèrent à faire honneur au festin, en riant sans modération de la dupe qui le donnoit ; car la charitable cousine de Domingo n'avoit pas manqué de les mettre au fait.

CHAPITRE VII. 163

Comme elles étoient toutes en train de se réjouir, on vit paroître l'écuyer monté sur une haquenée des écuries du comte, richement vêtue. Il vint joindre son confident et saluer la compagnie, qui, s'étant levée pour le recevoir plus poliment, le remercia de sa générosité. Il cherchoit des yeux parmi les filles dona Luziana, pour lui adresser la parole, et lui débiter un beau compliment qu'il avoit composé en chemin; mais Floretta le tirant à part lui dit qu'une indisposition avoit empêché sa maîtresse de se trouver à la fête. Don Côme se montra très-sensible à cette nouvelle, et demanda quel mal avoit sa chère Luziana. Elle est fort enrhumée, répondit la soubrette, et cela pour avoir passé sans voile, sur son balcon, presque toute la nuit de votre sérénade à me parler de vous. L'écuyer, consolé d'un accident qui venoit d'une si belle cause, pria la suivante de lui continuer ses bons offices auprès de sa maîtresse, et regagna son hôtel, en s'applaudissant de plus en plus de sa bonne fortune.

Dans ce temps-là don Côme reçut une lettre-de-change, et toucha mille écus d'or qu'on lui envoyoit d'Andalousie, pour sa part de la succession d'un de ses oncles mort à Séville. Il compta cette somme, et la mit dans un coffre en présence de Domingo, qui fut fort attentif à cette action, et si violemment tenté de s'approprier ces beaux écus d'or, qu'il résolut de les emporter en Portugal. Il fit confidence de sa tentation à Floretta, et lui proposa même d'être du voyage. Quoique la proposition méritât bien d'être pesée, la soubrette, aussi friponne que le page, l'accepta sans balancer. Enfin une nuit, tandis que l'écuyer enfermé dans un cabinet s'occupoit à composer une lettre emphatique pour sa maîtresse, Domingo trouva moyen d'ouvrir le coffre où étoient les écus d'or : il les prit, gagna promptement la rue avec sa proie, et s'étant rendu sous le balcon de Luziana, il se mit à contrefaire un chat qui miaule. La suivante, à ce signal dont ils étoient convenus tous deux, ne le fit pas

CHAPITRE VII.

long-temps attendre; et, prête à le suivre partout, elle sortit avec lui de Madrid.

Ils comptoient bien qu'ils auroient le temps d'arriver en Portugal avant qu'on pût les atteindre, si on les poursuivoit; mais, par malheur pour eux, don Côme, dès la nuit même s'étant aperçu du larcin et de la fuite de son confident, eut aussitôt recours à la justice, qui dispersa de toutes parts ses limiers pour découvrir le voleur. On l'attrapa près de Zebreros avec sa nymphe. On les ramena l'un et l'autre; la soubrette a été renfermée aux repenties, et Domingo dans cette prison.

Apparemment, dit don Cleophas, que l'écuyer n'a pas perdu ses écus d'or; ils lui auront sans doute été rendus. Oh que non, répondit le Diable : ce sont des pièces qui prouvent le vol; la justice ne s'en dessaisira point; et don Côme, dont l'histoire s'est répandue dans la ville, demeure volé et raillé de tout le monde.

Domingo et cet autre prisonnier qui joue avec lui, continua le boiteux, ont pour voisin un jeune Castillan qui a été arrêté pour avoir, en présence de bons témoins, donné un soufflet à son père. O ciel! s'écria Leandro, que m'apprenez-vous? Quelque mauvais que soit un fils, peut-il lever la main sur son père? Oh qu'oui, dit le démon; cela n'est pas sans exemple, et je veux vous en citer un assez remarquable. Sous le règne de don Pedre I, surnommé le juste et le cruel, huitième roi de Portugal, un garçon de vingt ans fut mis entre les mains de la justice pour le même fait. Don Pedre, surpris comme vous de la nouveauté du cas, voulut interroger la mère du coupable, et il s'y prit si adroitement, qu'il lui fit avouer qu'elle avoit eu cet enfant d'une discrète révérence. Si les juges du Castillan interrogeoient aussi sa mère avec la même adresse, ils pourroient en arracher un pareil aveu.

Descendons de l'œil dans un grand cachot au-dessous de ces trois prisonniers que je viens de vous montrer, et considérons ce qui s'y passe. Y voyez-vous ces trois malheureux? Ce

CHAPITRE VII.

sont des voleurs de grand chemin : les voilà qui vont se sauver ; on leur a fait tenir une lime sourde dans un pain, et ils ont déjà limé un gros barreau d'une fenêtre, par où ils peuvent se couler dans une cour qui les conduira dans la rue. Il y a plus de dix mois qu'ils sont en prison, et il y en a plus de huit qu'ils devroient avoir reçu la récompense publique qui est due à leurs exploits ; mais, grace à la lenteur de la justice, ils vont encore massacrer des voyageurs.

Suivez-moi dans cette salle basse, où vous apercevrez vingt ou trente hommes couchés sur la paille : ce sont des filous, des gens de toutes sortes de mauvais commerce. En remarquez-vous cinq ou six qui houspillent une espèce de manœuvre qui a été emprisonné aujourd'hui pour avoir blessé un archer d'un coup de pierre ? Pourquoi ces prisonniers battent-ils ce manœuvre ? dit Zambullo. C'est, répondit Asmodée, parce qu'il n'a pas encore payé sa bien-venue. Mais, ajouta-t-il, laissons là tous ces misérables :

éloignons-nous même de cet horrible lieu ; allons ailleurs arrêter nos regards sur des objets plus réjouissants.

CHAPITRE VIII.

Asmodée montre à don Cleophas plusieurs personnes, et lui révèle les actions qu'elles ont faites dans la journée.

Ils laissèrent là les prisonniers, et s'envolèrent dans un autre quartier. Ils firent une pause sur un grand hôtel, où le démon dit à l'écolier : Il me prend envie de vous apprendre ce qu'ont fait aujourd'hui toutes ces personnes qui demeurent aux environs de cet hôtel ; cela pourra vous divertir. Je n'en doute pas, répondit Leandro. Commencez, je vous prie, par ce capitaine qui se botte ; il faut qu'il ait quelque affaire de conséquence qui l'appelle loin d'ici. C'est, repartit le boiteux, un capitaine prêt à sortir de Madrid. Ses chevaux l'attendent dans la rue ; il va partir

CHAPITRE VIII.

pour la Catalogne, où son régiment est commandé.

Comme il n'avoit point d'argent, il s'adressa hier à un usurier : Seigneur Sanguisuela, lui dit-il, ne pourriez-vous pas me prêter mille ducats ? Seigneur capitaine, répondit l'usurier d'un air doux et bénin, je ne les ai pas ; mais je me fais fort de trouver un homme qui vous les prêtera, c'est-à-dire qui vous en donnera quatre cents comptant ; vous ferez votre billet de mille, et, sur lesdits quatre cents que vous recevrez, j'en toucherai, s'il vous plaît, soixante pour le droit de courtage. L'argent est si rare aujourd'hui !.... Quelle usure ! interrompit brusquement l'officier ; demander six cent soixante ducats pour trois cent quarante ! Quelle friponnerie ! il faudroit pendre des hommes si durs.

Point d'emportement, seigneur capitaine, reprit d'un grand sang-froid l'usurier : voyez ailleurs. De quoi vous plaignez-vous ? Est-ce que je vous force à recevoir les trois cent quarante ducats? Il vous est libre de les prendre, ou de les refuser. Le capitaine, n'ayant rien à répliquer à ce discours, se retira; mais, après avoir fait réflexion qu'il falloit partir, que le temps pressoit, et qu'enfin il ne pouvoit se passer d'argent, il est retourné ce matin chez l'usurier, qu'il a rencontré à sa porte en manteau noir, en rabat et en cheveux courts, avec un gros chapelet garni de médailles. Je reviens à vous, seigneur Sanguisuela, lui a-t-il dit; j'accepte vos trois cent quarante ducats; la nécessité où je suis d'avoir de l'argent m'oblige à les prendre. Je vais à la messe, a répondu gravement l'usurier; à mon retour, venez, je vous compterai la somme. Hé! non, non, répliqua le capitaine; rentrez chez vous, de grace; cela sera fait dans un moment: expédiez-moi tout à l'heure; je suis fort pressé. Je ne le puis, repartit Sanguisuela; j'ai coutume d'entendre la messe tous les jours avant que je commence aucune affaire; c'est une règle que je me suis faite, et que je veux observer religieusement toute ma vie.

CHAPITRE VIII.

Quelque impatience qu'eût l'officier de toucher son argent, il lui a fallu céder à la règle du pieux Sanguisuela : il s'est armé de patience, et même, comme s'il eût craint que les ducats ne lui échappassent, il a suivi l'usurier à l'église. Il a entendu la messe avec lui ; après cela il se préparoit à sortir ; mais Sanguisuela, s'approchant de son oreille, lui a dit : Un des plus habiles prédicateurs de Madrid va prêcher, je ne veux pas perdre le sermon.

Le capitaine, à qui le temps de la messe n'avoit déjà que trop duré, a été au désespoir de ce nouveau retardement ; il est pourtant encore demeuré dans l'église. Le prédicateur paroît, et prêche contre l'usure. L'officier en est ravi ; et observant le visage de l'usurier, il dit en lui-même : Si ce juif pouvoit se laisser toucher ; s'il me donnoit seulement six cents ducats, je partirois content de lui. Enfin, le sermon fini, l'usurier sort. Le capitaine le joint, et lui dit : Hé bien, que pensez-vous de ce prédicateur ? ne trouvez-vous pas qu'il prêche avec beaucoup de force? pour moi, j'en suis tout ému. J'en porte même jugement que vous, répond l'usurier; il a parfaitement traité sa matière; c'est un savant homme : il a fort bien fait son métier, allons-nous-en faire le nôtre.

Hé ! qui sont ces deux femmes qui sont couchées ensemble, et qui font de si grands éclats de rire ? s'écria don Cleophas : elles me paroissent bien gaillardes. Ce sont, répondit le Diable, deux sœurs qui ont fait enterrer leur père ce matin. C'étoit un homme bourru, et qui avoit tant d'aversion pour le mariage, ou plutôt tant de répugnance à établir ses filles, qu'il n'a jamais voulu les marier, quelques partis avantageux qui se soient présentés pour elles. Le caractère du défunt étoit tout à l'heure le sujet de leur entretien. Il est mort enfin, disoit l'aînée, il est mort, ce père dénaturé qui se faisoit un plaisir barbare de nous voir filles; il ne s'opposera plus à nos vœux. Pour moi, ma sœur, a dit la cadette, j'aime le solide ; je veux un

CHAPITRE VIII.

homme riche, fût-il d'ailleurs une bête, et le gros don Blanco sera mon fait. Doucement, ma sœur, a répliqué l'aînée, nous aurons pour époux ceux qui nous sont destinés; car nos mariages sont écrits dans le ciel. Tant pis, vraiment, a reparti la cadette, j'ai bien peur que mon père n'en déchire la feuille. L'aînée n'a pu s'empêcher de rire de cette saillie, et elles en rient encore toutes deux.

Dans la maison qui suit celle des deux sœurs est logée en chambre garnie une aventurière aragonoise. Je la vois qui se mire dans une glace, au lieu de se coucher : elle félicite ses charmes sur une conquête importante qu'ils ont faite aujourd'hui : elle étudie des mines, et elle en a découvert une nouvelle qui fera demain un grand effet sur son amant. Elle ne peut trop s'appliquer à le ménager; c'est un sujet qui promet beaucoup : aussi a-t-elle dit tantôt à un de ses créanciers qui lui est venu demander de l'argent : Attendez, mon ami, revenez dans quelques jours; je suis en termes d'accommodement avec un des principaux personnages de la douane.

Il n'est pas besoin, dit Leandro, que je vous demande ce qu'a fait certain cavalier qui se présente à ma vue; il faut qu'il ait passé la journée entière à écrire des lettres. Quelle quantité j'en vois sur sa table! Ce qu'il y a de plaisant, répondit le démon, c'est que toutes ces lettres ne contiennent que la même chose. Ce cavalier écrit à tous ses amis absents; il leur mande une aventure qui lui est arrivée cette après-midi. Il aime une veuve de trente ans, belle et prude; il lui rend des soins qu'elle ne dédaigne pas : il propose de l'épouser; elle accepte la proposition. Pendant qu'on fait les préparatifs des noces, il a la liberté de l'aller voir chez elle : il y a été cette après-dînée; et, comme par hasard il ne s'est trouvé personne pour l'annoncer, il est entré dans l'appartement de la dame, qu'il a surprise dans un galant déshabillé, ou, pour mieux dire, presque nue sur un lit de repos. Elle dormoit d'un profond sommeil. Il s'approche doucement d'elle pour profiter de l'occasion; il lui dérobe un baiser;

CHAPITRE VIII.

elle se réveille, et s'écrie en soupirant tendrement : « Encore ! ah ! je t'en prie, Am-
» broise, laisse-moi en repos. » Le cavalier, en galant homme, a pris son parti sur-le-champ ; il a renoncé à la veuve : il est sorti de l'appartement ; il a rencontré Ambroise à la porte : Ambroise lui a-t-il dit, n'entrez pas ; votre maîtresse vous prie de la laisser en repos.

A deux maisons au-delà de ce cavalier je découvre dans un petit corps-de-logis un original de mari qui s'endort tranquillement aux reproches que sa femme lui fait d'avoir passé la journée entière hors de chez lui. Elle seroit encore plus irritée si elle savoit à quoi il s'est amusé. Il aura sans doute été occupé de quelque aventure galante ? dit Zambullo. Vous y êtes, reprit Asmodée ; je vais vous la détailler.

L'homme dont il s'agit est un bourgeois nommé Patrice ; c'est un de ces maris libertins qui vivent sans souci, comme s'ils n'avoient ni femme ni enfants : il a pourtant une jeune épouse aimable et vertueuse, deux filles et un fils, tous trois encore dans leur enfance. Il est sorti ce matin de sa maison, sans s'informer s'il y avoit du pain pour sa famille, qui en manque quelquefois. Il a passé par la grande place, où les apprêts du combat des taureaux qui s'est fait aujourd'hui l'ont arrêté : les échafauds étoient déjà dressés tout autour, et déjà les personnes les plus curieuses commençoient à s'y placer.

Pendant qu'il les considéroit les uns et les autres, il aperçoit une dame bien faite et proprement vêtue qui laissoit voir, en descendant d'un échafaud, une belle jambe bien tournée, couverte d'un bas de soie couleur de rose, avec une jarretière d'argent : il n'en a pas fallu davantage pour mettre notre foible bourgeois hors de lui-même. Il s'est avancé vers la dame qu'accompagnoit une autre qui faisoit assez connoître, par son air, qu'elles étoient toutes deux des aventurières : Mesdames, leur a-t-il dit, si je puis vous être bon à quelque chose, vous n'avez qu'à parler; vous me trouverez

CHAPITRE VIII.

disposé à vous servir. Seigneur cavalier, a répondu la nymphe aux bas couleur de rose, votre offre n'est pas à rejeter : nous avions déjà pris nos places ; mais nous venons de les quitter pour aller déjeûner. Nous avons eu l'imprudence de sortir ce matin de chez nous sans prendre notre chocolat ; puisque vous êtes assez galant pour nous offrir vos services, conduisez-nous, s'il vous plaît, à quelque endroit où nous puissions manger un morceau, mais que ce soit dans un lieu retiré : vous savez que les filles ne peuvent avoir trop de soin de leur réputation.

A ces mots, Patrice, devenant plus honnête et plus poli que la nécessité, mène ces princesses à une taverne du faubourg, où il demande à déjeûner. Que voulez-vous ? lui dit l'hôte ; j'ai, de reste d'un grand festin qui s'est donné hier chez moi, des poulets de grain, des perdreaux de Léon, des pigeonneaux de la Castille vieille, et plus de la moitié d'un jambon d'Estramadure. En voilà plus qu'il ne nous en faut, dit le conducteur des vestales. Mesdames, vous n'avez qu'à choisir : que souhaitez-vous ? Ce qu'il vous plaira, répondent-elles ; nous n'avons point d'autre goût que le vôtre. Là-dessus le bourgeois commande qu'on serve deux perdreaux et deux poulets froids, et qu'on lui donne une chambre particulière, attendu qu'il est avec des dames très-délicates sur les bienséances.

On le fait entrer, lui et sa compagnie, dans un cabinet écarté, ou, un moment après, on leur apporte le plat ordonné, avec du pain et du vin. Nos Lucrèces, comme dames de haut appétit, se jettent avidement sur les viandes, tandis que le benêt, qui devoit payer l'écot, s'amuse à contempler sa Luisita ; c'est le nom de la beauté dont il étoit épris : il admire ses blanches mains, où brilloit une grosse bague qu'elle a gagnée en la courant ; il lui prodigue les noms d'étoile et de soleil, et ne sauroit manger, tant il est aise d'avoir fait une si bonne rencontre. Il demande à sa déesse si elle est mariée :

CHAPITRE VIII.

elle répond que non; mais qu'elle est sous la conduite d'un frère : si elle eût ajouté, du côté d'Adam, elle auroit dit la vérité.

Cependant les deux harpies, non-seulement dévoroient chacune un poulet, elles buvoient encore à proportion qu'elles mangeoient. Bientôt le vin manque, le galant en va chercher lui-même, pour en avoir plus promptement. Il n'est pas hors du cabinet, que Jacinthe, la compagne de Luisita, met la griffe sur les deux perdreaux qui restoient dans le plat, et les serre dans une grande poche de toile qu'elle a sous sa robe. Notre Adonis revient avec du vin frais; et remarquant qu'il n'y a plus de viande, il demande à sa Vénus si elle ne veut rien davantage. Qu'on nous donne, dit-elle, de ces pigeonneaux dont l'hôte nous a parlé, pourvu qu'ils soient excellents; autrement, un morceau de jambon d'Estramadure suffira. Elle n'a pas prononcé ces paroles, que voilà Patrice qui retourne à la provision, et fait apporter trois pigeonneaux avec une forte tranche de jambon. Nos oiseaux de proie recommencèrent à becqueter ; et tandis que le bourgeois est obligé de disparoître une troisième fois pour aller demander du pain, ils envoient deux pigeonneaux tenir compagnie aux prisonniers de la poche.

Après le repas, qui a fini par les fruits que la saison peut fournir, l'amoureux Patrice a pressé Luisita de lui donner les marques qu'il attendoit de sa reconnoissance : la dame a refusé de contenter ses désirs; mais elle l'a flatté de quelque espérance, en lui disant qu'il y avoit du temps pour tout, et que ce n'étoit pas dans un cabaret qu'elle vouloit reconnoître le plaisir qu'il lui avoit fait : puis entendant sonner une heure après midi, elle a pris un air inquiet, et dit à sa compagne : Ah! ma chère Jacinthe, que nous sommes malheureuses! Nous ne trouverons plus de place pour voir les taureaux. Pardonnez-moi, a répondu Jacinthe; ce cavalier n'a qu'à nous remener où il nous a si poliment abordées, et ne vous mettez pas en peine du reste.

CHAPITRE VIII.

Avant que de sortir de la taverne il a fallu compter avec l'hôte, qui a fait monter la dépense à cinquante réales. Le bourgeois a mis la main à la bourse; mais n'y trouvant que trente réales, il a été obligé de laisser en gage, pour le reste, son rosaire chargé de médailles d'argent; ensuite il a reconduit les aventurières où il les avoit prises, et les a placées commodément sur un échafaud, dont le maître, qui est de sa connoissance, lui a fait crédit.

Elles ne sont pas plutôt assises, qu'elles demandent des rafraîchissements. Je meurs de soif, s'écrie l'une; le jambon m'a furieusement altérée. Et moi de même, dit l'autre, je boirois bien de la limonade. Patrice, qui n'entend que trop ce que cela veut dire, les quitte pour aller leur chercher des liqueurs; mais il s'arrête en chemin, et se dit en lui-même : Où vas-tu, insensé ? Ne semble-t-il pas que tu aies cent pistoles dans ta bourse ou dans ta maison ? Tu n'as pas seulement un maravédis. Que ferai-je ? ajouta-t-il : de retourner vers la dame sans lui porter ce qu'elle désire, il n'y a pas d'apparence : d'un autre côté, faut-il que j'abandonne une entreprise si avancée ? je ne puis m'y résoudre.

Dans cet embarras, il aperçoit parmi les spectateurs un de ses amis qui lui avoit souvent fait des offres de services, que, par fierté, il n'avoit jamais voulu accepter. Il perd toute honte en cette occasion. Il le joint avec empressement, et lui emprunte une double pistole, avec quoi, reprenant courage, il vole chez un limonadier, d'où il fait porter à ses princesses tant d'eaux glacées, tant de biscuits et de confitures sèches, que le doublon suffit à peine à cette nouvelle dépense.

Enfin la fête finit avec le jour; et notre homme va conduire sa dame chez elle, dans l'espérance d'en tirer un bon parti. Mais lorsqu'ils sont devant une maison où elle dit qu'elle demeure, il en sort une espèce de servante qui vient au-devant de Luisita, et lui dit avec agitation : Hé ! d'où venez-vous à l'heure qu'il est ? Il y a deux heures que le

CHAPITRE VIII.

seigneur don Gaspard Héridor, votre frère, vous attend en jurant comme un possédé. Alors la sœur, feignant d'être effrayée, se tourne vers le galant, et lui dit tout bas en lui serrant la main : Mon frère est un homme d'une violence épouvantable ; mais sa colère ne dure pas : tenez-vous dans la rue, et ne vous impatientez point; nous allons l'apaiser; et comme il va tous les soirs souper en ville, d'abord qu'il sera sorti, Jacinthe viendra vous en avertir, et vous introduira dans la maison.

Le bourgeois, que cette promesse console, baise avec transport la main de Luisita, qui lui fait quelques caresses, pour le laisser sur la bonne bouche, puis elle entre dans la maison avec Jacinthe et la servante. Patrice, demeuré dans la rue, prend patience : il s'assied sur une borne à deux pas de la porte, et passe un temps considérable sans s'imaginer qu'on puisse avoir dessein de se jouer de lui ; il s'étonne seulement de ne pas voir sortir don Gaspard, et craint que ce maudit frère n'aille pas souper en ville.

Cependant il entend sonner dix, onze heures, minuit; alors il commence à perdre une partie de sa confiance, et à douter de la bonne foi de sa dame. Il s'approche de la porte, il entre et suit à tâtons une allée obscure, au milieu de laquelle il rencontre un escalier. Il n'ose monter; mais il écoute attentivement, et son oreille est frappée du concert discordant que peuvent faire ensemble un chien qui aboie, un chat qui miaule, et un enfant qui crie. Il juge enfin qu'on l'a trompé; et ce qui achève de l'en persuader, c'est qu'ayant voulu pousser jusqu'au fond de l'allée, il s'est trouvé dans une autre rue que celle où il a si long-temps fait le pied de grue.

Il regrette alors son argent, et retourne au logis, en maudissant les bas couleur de rose. Il frappe à sa porte : sa femme, le chapelet à la main, et les larmes aux yeux, lui vient ouvrir, et lui dit d'un air touchant: Ah ! Patrice, pouvez-vous abandonner ainsi votre maison, et vous soucier si peu de votre épouse et de vos enfants ? Qu'avez-vous fait depuis six heures du matin que vous êtes sorti ? Le mari, ne sachant que répondre à ce discours, et d'ailleurs tout honteux d'avoir été la dupe de deux friponnes, s'est déshabillé et mis au lit sans dire un mot. Sa femme, qui est en train de moraliser, lui fait un sermon qui l'endort dans ce moment.

Jetez la vue, poursuivit Asmodée, sur cette grande maison qui est à côté de celle du cavalier qui écrit à ses amis la rupture de son mariage avec la maîtresse d'Ambroise : n'y remarquez-vous pas une jeune dame couchée dans un lit de satin cramoisi, relevé d'une broderie d'or. Pardonnez-moi, répondit don Cléophas, j'aperçois une personne endormie; et je vois, ce me semble, un livre sur son chevet. Justement, reprit le boiteux. Cette dame est une jeune comtesse fort spirituelle et d'une humeur très-enjouée : elle avoit depuis six jours une insomnie qui la fatiguoit extrêmement; elle s'est avisée aujourd'hui de faire venir un médecin des plus graves de sa faculté. Il arrive : elle le consulte ; il ordonne un remède marqué, dit-il, dans Hippocrate. La dame se met à plaisanter sur son ordonnance. Le médecin, animal hargneux, ne s'est nullement prêté à ses plaisanteries, et lui a dit avec la gravité doctorale : Madame, Hippocrate n'est point un homme à devoir être tourné en ridicule. Ah ! seigneur docteur, a répondu la comtesse d'un air sérieux, je n'ai garde de me moquer d'un auteur si célèbre et si docte ; j'en fais un si grand cas, que je suis persuadée qu'en l'ouvrant seulement je me guérirai de mon insomnie. J'en ai dans ma bibliothèque une traduction nouvelle du savant Azero ; c'est la meilleure : qu'on me l'apporte. En effet, admirez le charme de cette lecture ; dès la troisième page la dame s'est endormie profondément.

Il y a dans les écuries de ce même hôtel un pauvre soldat manchot, que les palefreniers, par charité, laissent la nuit coucher sur la paille. Pendant le jour il demande

CHAPITRE VIII.

l'aumône, et il a eu tantôt une plaisante conversation avec un autre gueux qui demeure auprès de Buen-retiro, sur le passage de la cour. Celui-ci fait fort bien ses affaires ; il est à son aise, et il a une fille à marier qui passe chez les mendiants pour une riche héritière. Le soldat, abordant ce père aux *maravédis*, lui a dit : *Segnor mendigo,* j'ai perdu mon bras droit : je ne puis plus servir le roi, et je me vois réduit, pour subsister, à faire comme vous des civilités aux passants : je sais bien que de tous les métiers c'est celui qui nourrit mieux son homme, et que tout ce qui lui manque, c'est d'être un peu plus honorable. S'il étoit honorable, a répondu l'autre, il ne vaudroit plus rien ; car tout le monde s'en mêleroit.

Vous avez raison, a repris le manchot ; oh çà, je suis donc un de vos confrères, et je voudrois m'allier avec vous. Donnez-moi votre fille. Vous n'y pensez pas, mon ami, a répliqué le richard ; il lui faut un meilleur parti : vous n'êtes point assez estropié pour être mon gendre; j'en veux un qui soit dans un état à faire pitié aux usuriers. Eh ! ne suis-je pas, dit le soldat, dans une assez déplorable situation ? Fi donc ! a reparti l'autre brusquement, vous n'êtes que manchot, et vous osez prétendre à ma fille ? Savez-vous bien que je l'ai refusée à un cul de jatte ?

J'aurois tort, continua le Diable, de passer la maison qui joint l'hôtel de la comtesse, et où demeurent un vieux peintre ivrogne et un poëte caustique. Le peintre est sorti de chez lui ce matin à sept heures, dans le dessein d'aller chercher un confesseur pour sa femme malade à l'extrémité; mais il a rencontré un de ses amis qui l'a entraîné au cabaret, et il n'est revenu au logis qu'à dix heures du soir. Le poëte, qui a la réputation d'avoir eu quelquefois de tristes salaires pour ses vers mordants, disoit tantôt d'un air fanfaron dans un café, en parlant d'un homme qui n'y étoit pas : C'est un faquin à qui je veux donner cent coups de bâton.

Vous pouvez, a dit un railleur, les lui donner facilement, car vous êtes bien en fonds.

Je ne dois pas oublier une scène qui s'est passée aujourd'hui chez un banquier de cette rue nouvellement établi dans cette ville : il n'y a pas trois mois qu'il est revenu du Pérou avec de grandes richesses. Son père est un honnête *capareto** de Viejo de Mediana, gros village de la Castille vieille, auprès des montagnes de Sierra d'Avila, où il vit, très-content de son état, avec une femm de son âge, c'est-à-dire de soixante ans.

Il y avoit un temps considérable que leur fils étoit sorti de chez eux pour aller aux Indes chercher une meilleure fortune que celle qu'ils lui pouvoient faire. Plus de vingt années s'étoient écoulées depuis qu'ils ne l'avoient vu; ils parloient souvent de lui; ils prioient le ciel tous les jours de ne le point abandonner, et ils ne manquoient pas, tous les dimanches, de le faire recommander au prône par le curé, qui étoit de leurs amis.

* Savetier.

Le banquier de son côté ne les mettoit point en oubli. D'abord qu'il eut fixé son établissement, il résolut de s'informer par lui-même de la situation où ils pouvoient être. Pour cet effet, après avoir dit à ses domestiques de n'être pas en peine de lui, il partit, il y a quinze jours, à cheval, sans que personne ne l'accompagnât, et il se rendit au lieu de sa naissance.

Il étoit environ dix heures du soir, et le bon savetier dormoit auprès de son épouse, lorsqu'ils se réveillèrent en sursaut, au bruit que fit le banquier en frappant à la porte de leur petite maison. Ils demandèrent qui frappoit. Ouvrez, ouvrez, leur dit-il, c'est votre fils Francillo. A d'autres, répondit le bon homme : passez votre chemin, voleurs, il n'y a rien à faire ici pour vous; Francillo est présentement aux Indes, s'il n'est pas mort. Votre fils n'est plus aux Indes, répliqua le banquier ; il est revenu du Pérou : c'est lui qui vous parle ; ne lui refusez pas l'entrée de votre maison. Levons-nous,

CHAPITRE VIII.

Jacques, dit alors la femme, je crois effectivement que c'est Francillo ; il me semble le reconnoître à sa voix.

Ils se levèrent aussitôt tous deux : le père alluma une chandelle, et la mère, après s'être habillée à la hâte, alla ouvrir la porte. Elle envisagea Francillo ; et ne pouvant le méconnoître, elle se jette à son cou, et le serre étroitement entre ses bras. Maître Jacques, agité des mêmes mouvements que sa femme, embrasse à son tour son fils ; et ces trois personnes, charmées de se voir réunies après une si longue absence, ne peuvent se rassasier du plaisir de s'en donner des marques.

Après des transports si doux, le banquier débrida son cheval, et le mit dans une étable où gîtoit une vache, mère nourrice de la maison ; ensuite il rendit compte à ses parents de son voyage, et des biens qu'il avoit apportés du Pérou. Le détail fut un peu long et auroit pu ennuyer des auditeurs désintéressés ; mais un fils qui s'épanche en racontant ses aventures ne sauroit lasser l'attention d'un père et d'une mère : il n'y a pas pour eux de circonstance indifférente. Ils l'écoutoient avec avidité, et les moindres choses qu'il disoit faisoient sur eux une vive impression de douleur ou de joie.

Dès qu'il eut achevé sa relation, il leur dit qu'il venoit leur offrir une partie de ses biens, et il pria son père de ne plus travailler. Non, mon fils, lui dit maître Jacques, j'aime mon métier; je ne le quitterai point. Quoi donc ! répliqua le banquier, n'est-il pas temps que vous vous reposiez ? Je ne vous propose point de venir demeurer à Madrid avec moi ; je sais bien que le séjour de la ville n'auroit pas de charmes pour vous : je ne prétends pas troubler votre vie tranquille; mais, du moins, épargnez-vous un travail pénible, et vivez ici commodément, puisque vous le pouvez.

La mère appuya le sentiment du fils, et maître Jacques se rendit. Hé bien, Francillo, dit-il, pour te satisfaire, je ne travaillerai

CHAPITRE VIII.

plus pour tous les habitants du village ; je raccommoderai seulement mes souliers, et ceux de monsieur le curé notre bon ami. Après cette convention, le banquier avala deux œufs frais qu'on lui fit cuire, puis se coucha près de son père, et s'endormit avec un plaisir que les enfants d'un excellent naturel sont seuls capables de s'imaginer.

Le lendemain matin Francillo leur laissa une bourse de trois cents pistoles et revint à Madrid. Mais il a été bien étonné ce matin de voir tout à coup paroître chez lui maître Jacques. Quel sujet vous amène ici, mon père ? lui a-t-il dit. Mon fils, a répondu le vieillard, je te rapporte ta bourse : reprends ton argent; je veux vivre de mon métier : je meurs d'ennui depuis que je ne travaille plus. Hé bien, mon père, a répliqué Francillo, retournez au village, continuez d'exercer votre profession ; mais que ce soit seulement pour vous désennuyer. Remportez votre bourse, et n'épargnez pas la mienne. Eh! que veux-tu que je fasse de tant d'argent?

a repris maître Jacques. Soulagez-en les pauvres, a reparti le banquier ; faites-en l'usage que votre curé vous conseillera. Le savetier, content de cette réponse, s'en est retourné à Mediana.

Don Cleophas n'écouta pas sans plaisir l'histoire de Francillo, et il alloit donner toutes les louanges dues au bon cœur de ce banquier, si dans ce moment même des cris perçants n'eussent attiré son attention. Seigneur Asmodée, s'écria-t-il, quel bruit éclatant se fait entendre ? Ces cris qui frappent les airs, répondit le Diable, partent d'une maison où il y a des fous enfermés : ils s'égosillent à force de crier et de chanter. Nous ne sommes pas bien éloignés de cette maison ; allons voir ces fous tout à l'heure, répliqua Leandro. J'y consens, repartit le démon : je vais vous donner ce divertissement, et vous apprendre pourquoi ils ont perdu la raison. Il n'eut pas achevé ces paroles, qu'il emporta l'écolier sur *la casa de los locos.*

CHAPITRE IX.

Des fous enfermés.

Zambullo parcourut d'un air curieux toutes les loges; et après qu'il eut observé les folles et les fous qu'elles renfermoient, le Diable lui dit : Vous en voyez de toutes les façons; en voilà de l'un et de l'autre sexe; en voilà de tristes et de gais, de jeunes et de vieux : il faut à présent que je vous dise pourquoi la tête leur a tourné; allons de loge en loge, et commençons par les hommes.

Le premier qui se présente, et qui paroît furieux, est un nouvelliste castillan, né dans le sein de Madrid, un bourgeois fier et plus sensible à l'honneur de sa patrie qu'un ancien citoyen de Rome. Il est devenu fou de chagrin d'avoir lu dans la gazette que vingt-cinq Espagnols s'étoient laissé battre par un parti de cinquante Portugais.

Il a pour voisin un licencié qui avoit tant d'envie d'attraper un bénéfice, qu'il a fait l'hypocrite à la cour pendant dix ans; et le désespoir de se voir toujours oublié dans les promotions lui a brouillé la cervelle : mais ce qu'il y a d'avantageux pour lui, c'est qu'il se croit archevêque de Tolède. S'il ne l'est pas effectivement, il a du moins le plaisir de s'imaginer qu'il l'est; et je le trouve d'autant plus heureux, que je regarde sa folie comme un beau songe qui ne finira qu'avec sa vie, et qu'il n'aura point de compte à rendre en l'autre monde de l'usage de ses revenus.

Le fou qui suit est un pupille; son tuteur l'a fait passer pour insensé, dans le dessein de s'emparer pour toujours de son bien. Le pauvre garçon a véritablement perdu l'esprit, de rage d'être enfermé. Après le mineur est un maître d'école qui en est venu là pour s'être obstiné à vouloir trouver le *paulo post futurum* du verbe grec, et le quatrième, un marchand dont la raison n'a pu soutenir la nouvelle d'un naufrage, après avoir eu la force de résister à deux banqueroutes qu'il a faites.

CHAPITRE IX.

Le personnage qui gît dans la loge suivante est le vieux capitaine Zanubio, cavalier napolitain qui s'est venu établir à Madrid. La jalousie l'a mis dans l'état où vous le voyez : apprenez son histoire.

Il avoit une jeune femme nommée Aurore, qu'il gardoit à vue ; sa maison étoit inaccessible aux hommes. Aurore ne sortoit jamais que pour aller à la messe, et encore étoit-elle toujours accompagnée de son vieux Titon, qui la menoit quelquefois prendre l'air à une terre qu'il a auprès d'Alcantara. Cependant un cavalier appelé don Garcie Pacheco, l'ayant vue par hasard à l'église, avoit conçu pour elle un amour violent : c'étoit un jeune homme entreprenant et digne de l'attention d'une jolie femme mal mariée.

La difficulté de s'introduire chez Zanubio n'en ôta pas l'espérance à don Garcie. Comme il n'avoit pas encore de barbe, et qu'il étoit assez beau garçon, il se déguisa en fille, prit une bourse de cent pistoles, et se rendit à la terre du capitaine, où il avoit su que ce mari devoit aller incessamment avec sa femme. Il s'adressa à la jardinière, et lui dit d'un ton d'héroïne de chevalerie, poursuivie par un géant : Ma bonne, je viens me jeter dans vos bras ; je vous prie d'avoir pitié de moi. Je suis une fille de Tolède ; j'ai de la naissance et du bien ; mes parents me veulent marier à un homme que je hais. Je me suis dérobée la nuit à leur tyrannie ; j'ai besoin d'un asile : on ne viendra point me chercher ici ; permettez que j'y demeure jusqu'à ce que ma famille ait pris de plus doux sentiments pour moi. Voilà ma bourse, ajouta-t-il en la lui donnant, recevez-la : c'est tout ce que je puis vous offrir présentement ; mais j'espère que je serai quelque jour plus en état de reconnoître le service que vous m'aurez rendu.

La jardinière, touchée de la fin de ce discours, répondit : Ma fille, je veux vous servir ; je connois de jeunes personnes qui ont été sacrifiées à de vieux hommes, et je

CHAPITRE IX. 199

sais bien qu'elles ne sont pas fort contentes : j'entre dans leurs peines ; vous ne pouvez mieux vous adresser qu'à moi : je vous mettrai dans une petite chambre particulière où vous serez sûrement.

Don Garcie passa quelques jours dans cette terre, fort impatient d'y voir arriver Aurore. Elle y vint enfin avec son jaloux, qui visita d'abord, selon sa coutume, tous les appartements, les cabinets, les caves et les greniers, pour voir s'il n'y trouveroit point quelque ennemi de son honneur. La jardinière qui le connoissoit le prévint, et lui conta de quelle manière une jeune fille lui étoit venue demander une retraite.

Zanubio, quoique très-défiant, n'eut pas le moindre soupçon de la supercherie; il fut seulement curieux de voir l'inconnue, qui le pria de la dispenser de lui dire son nom, disant qu'elle devoit ce ménagement à sa famille, qu'elle déshonoroit en quelque sorte par sa fuite; puis elle débita un roman avec tant d'esprit, que le capitaine en fut charmé.

Il se sentit naître de l'inclination pour cette aimable personne : il lui offrit ses services ; et se flattant qu'il en pourroit tirer pied ou aile, il la mit auprès de sa femme.

Dès qu'Aurore vit don Garcie, elle rougit et se troubla sans savoir pourquoi. Le cavalier s'en aperçut ; il jugea qu'elle l'avoit remarqué dans l'église où il l'avoit vue : pour s'en éclaircir, il lui dit, sitôt qu'il put l'entretenir en particulier : Madame, j'ai un frère qui m'a souvent parlé de vous : il vous a vue un moment dans une église ; depuis ce moment, qu'il se rappelle mille fois le jour, il est dans un état digne de votre pitié.

A ce discours, Aurore envisagea don Garcie plus attentivement qu'elle n'avoit fait encore, et lui répondit : Vous ressemblez trop à ce frère pour que je sois plus longtemps la dupe de votre stratagème : je vois bien que vous êtes un cavalier déguisé. Je me souviens qu'un jour, pendant que j'entendois la messe, ma mante s'ouvrit un instant, et que vous me vîtes : je vous examinai par curiosité ; vous eûtes toujours les yeux attachés sur moi. Quand je sortis, je crois que vous ne manquâtes pas de me suivre pour apprendre qui j'étois, et dans quelle rue je faisois ma demeure ; je dis je crois, parce que je n'osai tourner la tête pour vous observer ; mon mari, qui m'accompagnoit, auroit pris garde à cette action, et m'en eût fait un crime. Le lendemain, et les jours suivants, je retournai dans la même église ; je vous revis, et je remarquai si bien vos traits, que je les reconnois malgré votre déguisement.

Hé bien, madame, répliqua don Garcie, il faut me démasquer : oui, je suis un homme épris de vos charmes ; c'est don Garcie Pacheco, que l'amour introduit ici sous cet habillement. Et vous espérez sans doute, reprit Aurore, qu'approuvant votre folle ardeur, je favoriserai votre artifice et contribuerai de ma part à entretenir mon mari dans son erreur ? mais c'est ce qui vous

6.

trompe : je vais lui découvrir tout ; il y v
de mon honneur et de mon repos ; d'ailleur
je suis bien aise de trouver une si belle occasion de lui faire voir que sa vigilance est
moins sûre que ma vertu, et que tout jaloux,
tout défiant qu'il est, je suis plus difficile à
surprendre que lui.

A peine eut-elle prononcé ces derniers
mots, que le capitaine parut et vint se mêler
à la conversation. De quoi vous entretenez-vous, mesdames ? leur dit-il. Aurore reprit
aussitôt la parole : Nous parlions, répondit-elle, des jeunes cavaliers qui entreprennent
de se faire aimer des jeunes femmes qui
ont de vieux époux ; et je disois que si quelqu'un de ces galants étoit assez téméraire
pour s'introduire chez vous sous quelque déguisement, je saurois bien punir son audace.

Et vous, madame, reprit Zanubio, en se
tournant vers don Garcie, de quelle manière
en useriez-vous avec un jeune cavalier en
pareil cas ? Don Garcie étoit si troublé, si
déconcerté, qu'il ne savoit que répondre au

CHAPITRE IX.

capitaine, qui se seroit aperçu de son embarras, si dans ce moment un valet ne fût venu lui dire qu'un homme arrivé de Madrid demandoit à lui parler : il sortit pour aller s'informer de ce qu'on lui vouloit.

Alors don Garcie se jeta aux pieds d'Aurore, et lui dit : Ah ! madame, quel plaisir prenez-vous à m'embarrasser ? Seriez-vous assez barbare pour me livrer au ressentiment d'un époux furieux ? Non, Pacheco, répondit-elle en souriant; les jeunes femmes qui ont de vieux maris jaloux ne sont pas si cruelles. Rassurez-vous; j'ai voulu me divertir en vous causant un peu de frayeur, mais vous en serez quitte pour cela : ce n'est pas trop vous faire acheter la complaisance que je veux bien avoir de vous souffrir ici. A des paroles si consolantes, don Garcie sentit évanouir toute sa crainte, et conçut des espérances qu'Aurore eut la bonté de ne pas démentir.

Un jour qu'ils se donnoient tous deux dans l'appartement de Zanubio des marques d'une amitié réciproque, le capitaine les surprit.

Quand il n'auroit pas été le plus jaloux de tous les hommes, il en vit assez pour juger avec fondement que sa belle inconnue étoit un cavalier déguisé. A ce spectacle il devint furieux ; il entra dans son cabinet pour prendre des pistolets ; mais pendant ce temps-là les amants s'échappèrent, fermèrent par dehors les portes de l'appartement à double tour, emportèrent les clefs, et gagnèrent tous deux en diligence un village voisin, où don Garcie avoit laissé son valet-de-chambre et deux bons chevaux. Là il quitta ses habits de fille, prit Aurore en croupe, et la conduisit à un couvent où elle le pria de la mener, et où elle avoit une tante supérieure ; après cela il s'en retourna à Madrid attendre la suite de cette aventure.

Cependant Zanubio se voyant enfermé, crie, appelle du monde : un valet accourt à sa voix ; mais trouvant les portes fermées, il ne peut les ouvrir. Le capitaine s'efforce de les briser, et n'en venant point à bout assez vîte à son gré, il cède à son impatience, se jette brusquement par une fenêtre avec ses pistolets à la main : il tombe à la renverse, se blesse la tête, et demeure étendu par terre sans connoissance. Ses domestiques arrivent, et le portent dans une salle sur un lit de repos : ils lui jettent de l'eau au visage; enfin, à force de le tourmenter, ils le font revenir de son évanouissement; mais il reprend sa fureur avec ses esprits : il demande où est sa femme; on lui répond qu'on l'a vue sortir avec la dame étrangère par une petite porte du jardin. Il ordonne aussitôt qu'on lui rende ses pistolets; on est obligé de lui obéir : il fait seller un cheval; il part sans songer qu'il est blessé, et prend un autre chemin que celui des amants. Il passa la journée à courir en vain, et s'étant arrêté la nuit dans une hôtellerie de village pour se reposer, la fatigue et sa blessure lui causèrent une fièvre avec un transport au cerveau qui pensa l'emporter.

Pour dire le reste en deux mots, il fut quinze jours malade dans ce village; ensuite il retourna dans sa terre, où, sans cesse occupé de son malheur, il perdit insensiblement l'esprit. Les parents d'Aurore n'en furent pas plutôt avertis, qu'ils le firent amener à Madrid pour l'enfermer parmi les fous. Sa femme est encore au couvent, où ils ont résolu de la laisser quelques années pour punir son indiscrétion, ou, si vous voulez, une faute dont on ne doit se prendre qu'à eux.

Immédiatement après Zanubio, continua le Diable, est le seigneur don Blas Desdichado, cavalier plein de mérite : la mort de son épouse est cause qu'il est dans la situation déplorable où vous le voyez. Cela me surprend, dit don Cleophas. Un mari que la mort de sa femme rend insensé ! Je ne croyois pas qu'on pût pousser si loin l'amour conjugal. N'allons pas si vîte, interrompit Asmodée ; don Blas n'est pas devenu fou de douleur d'avoir perdu sa femme ; ce qui lui a troublé l'esprit, c'est que n'ayant point d'enfants, il a été obligé de rendre aux parents de la défunte cinquante mille ducats qu'il reconnoît dans son contrat de mariage avoir reçus d'elle.

Oh! c'est une autre affaire, répliqua Léandro : je ne suis plus étonné de son accident. Et dites-moi, s'il vous plaît, quel est ce jeune homme qui saute comme un cabri dans la loge suivante, et qui s'arrête de moment en moment pour faire des éclats de rire, en se tenant les côtés? Voilà un fou bien gai. Aussi, repartit le boiteux, sa folie vient d'un excès de joie. Il étoit portier d'une personne de qualité; et comme il apprit un jour la mort d'un riche contador dont il se trouvoit l'unique héritier, il ne fut point à l'épreuve d'une si joyeuse nouvelle; la tête lui tourna.

Nous voici parvenus à ce grand garçon qui joue de la guitare, et qui l'accompagne de sa voix : c'est un fou mélancolique, un amant que les rigueurs d'une dame ont réduit au désespoir, et qu'il a fallu enfermer. Ah! que je plains celui-là! s'écria l'écolier;

permettez que je déplore son infortune; elle peut arriver à tous les honnêtes gens. Si j'étois épris d'une beauté cruelle, je ne sais si je n'aurois pas le même sort. A ce sentiment, reprit le démon, je vous reconnois pour un vrai Castillan; il faut être né dans le sein de la Castille pour se sentir capable d'aimer jusqu'à devenir fou de chagrin de ne pouvoir plaire. Les François ne sont pas si tendres; et si vous voulez savoir la différence qu'il y a entre un François et un Espagnol sur cette matière, il ne faut que vous dire la chanson que ce fou chante, et qu'il vient de composer tout à l'heure.

CHANSON ESPAGNOLE.

Ardo y lloro sin sossiego :
Llorando y ardiento tanto,
Que ni el llanto apaga el fuego,
Ni el fuego consume el llanto.

Je brûle et je pleure sans cesse, sans que mes pleurs puissent éteindre mes feux, ni mes feux consumer mes larmes.

C'est ainsi que parle un cavalier espagnol

quand il est maltraité de sa dame, et voici comme un François se plaignoit en pareil cas ces jours passés.

CHANSON FRANÇOISE.

L'objet qui règne dans mon cœur
Est toujours insensible à mon amour fidelle;
Mes soins, mes soupirs, ma langueur,
Ne sauroient attendrir cette beauté cruelle.
O ciel! est-il un sort plus affreux que le mien?
Ah! puisque je ne puis lui plaire,
Je renonce au jour qui m'éclaire;
Venez, mes chers amis, m'enterrer chez Payen.

Ce Payen est apparemment un traiteur? dit don Cleophas. Justement, répondit le Diable. Continuons, examinons les autres fous : passons plutôt aux femmes, répliqua Leandro, je suis impatient de les voir. Je vais céder à votre impatience, repartit l'esprit, mais il y a ici deux ou trois infortunés que je suis bien aise de vous montrer auparavant : vous pourrez tirer quelque profit de leur malheur.

Considérez, dans la loge qui suit celle de

ce joueur de guitare, ce visage pâle et décharné qui grince les dents, et semble vouloir manger les barreaux de fer qui sont à sa fenêtre : c'est un honnête homme né sous un astre si malheureux, qu'avec tout le mérite du monde, quelques mouvements qu'il se soit donnés pendant vingt années, il n'a pu parvenir à s'assurer du pain. Il a perdu la raison en voyant un très-petit sujet de sa connoissance monter en un jour, par l'arithmétique, au haut de la roue de la fortune.

Le voisin de ce fou est un vieux secrétaire qui a le timbre fêlé pour n'avoir pu supporter l'ingratitude d'un homme de la cour qu'il a servi pendant soixante ans. On ne peut assez louer le zèle et la fidélité de ce serviteur, qui ne demandoit jamais rien : il se contentoit de faire parler ses services et son assiduité; mais son maître, bien loin de ressembler à Archélaüs, roi de Macédoine, qui refusoit lorsqu'on lui demandoit, et donnoit quand on ne lui demandoit pas, est mort sans le récompenser : il ne lui a laissé que

CHAPITRE IX.

ce qu'il lui faut pour passer le reste de ses jours dans la misère et parmi les fous.

Je ne veux plus vous en faire observer qu'un : c'est celui qui, les coudes appuyés sur sa fenêtre, paroît plongé dans une profonde rêverie. Vous voyez en lui un *segnor Hidalgo de Tafalla*, petite ville de Navarre : il est venu demeurer à Madrid, où il a fait un bel usage de son bien. Il avoit la rage de vouloir connoître tous les beaux esprits et de les régaler : ce n'étoit chez lui, tous les jours, que festins ; et quoique les auteurs, nation ingrate et impolie, se moquassent de lui en le grugeant, il n'a pas été content qu'il n'ait mangé avec eux son petit fait. Il ne faut pas douter, dit Zambullo, qu'il ne soit devenu fou de regret de s'être si sottement ruiné. Tout au contraire, reprit Asmodée, c'est de se voir hors d'état de continuer le même train.

Venons présentement aux femmes, ajouta-t-il. Comment donc, s'écria l'écolier, je n'en vois que sept ou huit ! Il y a moins de folles que je ne croyois. Toutes les folles ne sont pas ici, dit le démon en souriant. Je vous porterai, si vous le souhaitez, tout à l'heure dans un autre quartier de cette ville, où il y a une grande maison qui en est toute pleine. Cela n'est pas nécessaire, répliqua don Cleophas; je m'en tiens à celle-ci. Vous avez raison, reprit le boiteux; ce sont presque toutes des filles de distinction : vous jugez bien, à la propreté de leur linge, qu'elles ne sauroient être des personnes du commun. Je vais vous apprendre la cause de leurs folies.

Dans la première loge est la femme d'un corrégidor, à qui la rage d'avoir été appelée bourgeoise par une dame de la cour a troublé l'esprit; dans la seconde, demeure l'épouse du trésorier général du conseil des Indes : elle est devenue folle, de dépit d'avoir été obligée, dans une rue étroite, de faire reculer son carrosse, pour laisser passer celui de la duchesse de Medina-Cœli; dans la troisième, fait sa résidence une jeune

CHAPITRE IX.

veuve de famille marchande, qui a perdu le jugement, de regret d'avoir manqué un grand seigneur qu'elle espéroit épouser; et la quatrième est occupée par une fille de qualité nommée dona Beatrix, dont il faut que je vous raconte le malheur.

Cette dame avoit une amie qu'on appeloit dona Mencia : elles se voyoient tous les jours. Un chevalier de l'ordre de Saint-Jacques, homme bien fait et galant, fit connoissance avec elles, et les rendit bientôt rivales. Elles se disputèrent vivement son cœur, qui pencha du côté de dona Mencia; de sorte que celle-ci devint femme du chevalier.

Dona Beatrix, fort jalouse du pouvoir de ses charmes, conçut un dépit mortel de n'avoir pas eu la préférence; et elle nourrissoit, en bonne Espagnole, au fond de son cœur, un violent désir de se venger, lorsqu'elle reçut un billet de don Jacinthe de Romarate, autre amant de dona Mencia; et ce cavalier lui mandoit qu'étant aussi mortifié qu'elle du mariage de sa maîtresse, il avoit pris la résolution de ce battre contre le chevalier qui la lui avoit enlevée.

Cette lettre fut très-agréable à Beatrix, qui ne voulant que la mort du pécheur, souhaitoit seulement que don Jacinthe ôtât la vie à son rival. Pendant qu'elle attendoit avec impatience une si chrétienne satisfaction, il arriva que son frère, ayant eu par hasard un différend avec ce même don Jacinthe, en vint aux prises avec lui, et fut percé de deux coups d'épée, desquels il mourut. Il étoit du devoir de don Beatrix de poursuivre en justice le meurtrier de son frère ; cependant elle négligea cette poursuite, pour donner le temps à don Jacinthe d'attaquer le chevalier de Saint-Jacques; ce qui prouve bien que les femmes n'ont point de si cher intérêt que celui de leur beauté. C'est ainsi qu'en use Pallas, lorsqu'Ajax a violé Cassandre ; la déesse ne punit point à l'heure même le Grec sacrilège qui vient de profaner son temple; elle veut auparavant qu'il contribue à la venger du jugement de Pâris.

Mais hélas! dona Beatrix, moins heureuse que Minerve, n'a pas goûté le plaisir de la vengeance. Romarate a péri en se battant contre le chevalier; et le chagrin qu'a eu cette dame de voir son injure impunie a troublé sa raison.

Les deux folles suivantes sont l'aïeule d'un avocat et une vieille marquise : la première, par sa mauvaise humeur, désoloit son petit-fils, qui l'a mise ici fort honnêtement pour s'en débarrasser : l'autre est une femme qui a toujours été idolâtre de sa beauté; au lieu de vieillir de bonne grace, elle pleuroit sans cesse en voyant ses charmes tomber en ruine; et enfin, un jour, en se considérant dans une glace fidèle, la tête lui tourna.

Tant mieux pour cette marquise, dit Leandro; dans le dérangement où est son esprit, elle n'aperçoit peut-être plus le changement que le temps a fait en elle. Non, assurément, répondit le Diable : bien loin de remarquer à présent un air de vieillesse sur son visage, son teint lui paroît un mélange de lis et de roses; elle voit autour d'elle les graces et les amours; en un mot elle croit être la déesse Vénus. Hé bien, répliqua l'écolier, n'est-elle pas plus heureuse d'être folle, que de se voir telle qu'elle est? Sans doute, repartit Asmodée. Oh çà, il ne nous reste plus qu'une dame à observer; c'est celle qui habite la dernière loge, et que le sommeil vient d'accabler, après trois jours et trois nuits d'agitation; c'est dona Emerenciana : examinez-la bien ; qu'en dites-vous ? Je la trouve fort belle, répondit Zambullo. Quel dommage! faut-il qu'une si charmante personne soit insensée! Par quel accident est-elle réduite en cet état? Écoutez-moi avec attention, repartit le boiteux ; vous allez entendre l'histoire de son infortune.

Dona Emerenciana, fille unique de don Guillem Stephani, vivoit tranquille à Siguença dans la maison de son père, lorsque don Kimen de Lizana vint troubler son repos par les galanteries qu'il mit en usage pour lui plaire. Elle ne se contenta pas d'être sensible aux soins de ce cavalier, elle eut la foiblesse de se prêter aux ruses qu'il employa pour lui parler, et bientôt elle lui donna sa foi en recevant la sienne.

Ces deux amants étoient d'une égale naissance; mais la dame pouvoit passer pour un des meilleurs partis d'Espagne, au lieu que don Kimen n'étoit qu'un cadet. Il y avoit encore un autre obstacle à leur union. Don Guillem haïssoit la famille des Lizana, ce qu'il ne faisoit que trop connoître par ses discours, quand on la mettoit devant lui sur le tapis; il sembloit même avoir plus d'aversion pour don Kimen que pour tout le reste de sa race. Emerenciana, vivement affligée de voir son père dans cette disposition, en concevoit pour son amour un triste présage; elle ne laissa pourtant pas, à bon compte, de s'abandonner à son penchant, et d'avoir des entretiens secrets avec Lizana, qui s'introduisoit de temps en temps chez elle la nuit par le ministère d'une soubrette.

Il arriva une de ces nuits que don Guillem, qui par hasard étoit éveillé lorsque le galant entra dans sa maison, crut entendre quelque bruit dans l'appartement de sa fille, peu éloigné du sien; il n'en fallut pas davantage pour inquiéter un père aussi défiant que lui; néanmoins, tout soupçonneux qu'il étoit, Emerenciana tenoit une conduite si adroite, qu'il ne se doutoit nullement de son intelligence avec don Kimen; mais n'étant pas un homme à pousser la confiance trop loin, il se leva tout doucement de son lit, alla ouvrir une fenêtre qui donnoit sur la rue, et eut la patience de s'y tenir jusqu'à ce qu'il vit descendre d'un balcon, par une échelle de soie, Lizana qu'il reconnut à la clarté de la lune.

Quel spectacle pour Stephani, pour le plus vindicatif et le plus barbare mortel qu'ait jamais produit la Sicile, où il avoit pris naissance! Il ne céda point d'abord à sa colère, et n'eut garde de faire un éclat qui auroit pu dérober à ses coups la principale victime que son ressentiment demandoit : il se contraignit, et attendit que sa fille fût levée le lendemain pour entrer dans son appartement. Là, se voyant seul avec elle, et la regardant avec des yeux étincelants de fureur, il lui dit : Malheureuse ! qui, malgré la noblesse de ton sang n'as pas honte de commettre des actions infâmes, prépare-toi à souffrir un juste châtiment. Ce fer, ajouta-t-il en tirant de son sein un poignard, ce fer va t'ôter la vie si tu ne confesses la vérité : nomme-moi l'audacieux qui est venu cette nuit déshonorer ma maison.

Emerenciana demeura tout interdite et si troublée de cette menace, qu'elle ne put proférer une parole. Ah ! misérable, poursuivit le père, ton silence et ton trouble ne m'apprennent que trop ton crime. Eh ! t'imagines-tu, fille indigne de moi, que j'ignore ce qui se passe ? J'ai vu cette nuit le téméraire; j'ai reconnu don Kimen : ce n'eût pas été assez de recevoir la nuit un cavalier dans ton appartement, il falloit encore que ce cavalier fût mon plus grand ennemi. Mais sachons jusqu'à quel point je suis outragé :

parle sans déguisement; ce n'est que par ta sincérité que tu peux éviter la mort.

La dame, à ces derniers mots concevant quelque espérance d'échapper au sort funeste qui la menaçoit, perdit une partie de sa frayeur, et répondit à don Guillem : Seigneur, je n'ai pu me défendre d'écouter Lizana; mais je prends le ciel à témoin de la pureté de ses sentiments. Comme il sait que vous haïssez sa famille, il n'a point encore osé vous demander votre aveu; et ce n'est que pour conférer ensemble sur les moyens de l'obtenir, que je lui ai permis quelquefois de s'introduire ici. Eh ! de quelle personne, répliqua Stéphani, vous servez-vous l'un et l'autre pour faire tenir vos lettres? C'est, repartit sa fille, un de vos pages qui nous rend ce service. Voilà, reprit le père, tout ce que je voulois savoir : il s'agit présentement d'exécuter le dessein que j'ai formé. Là-dessus, toujours la dague à la main, il lui fit prendre du papier et de l'encre, et l'obligea d'écrire à son amant ce

CHAPITRE IX.

billet, qu'il lui dicta lui-même : « Cher époux,
» seul délice de ma vie, je vous avertis que
» mon père vient de partir tout à l'heure pour
» sa terre, d'où il ne reviendra que demain.
» Profitez de l'occasion; je me flatte que
» vous attendrez la nuit avec autant d'im-
» patience que moi. »

Après qu'Emerenciana eut écrit et cacheté ce billet perfide, don Guillem lui dit : Fais venir le page qui s'acquitte si bien de l'emploi dont tu le charges, et lui ordonne de porter ce papier à don Kimen; mais n'espère pas me tromper : je vais me cacher dans un endroit de cette chambre, d'où je t'observerai quand tu lui donneras cette commission; et si tu lui dis un mot, ou lui fais quelque signe qui lui rende le message suspect, je te plongerai aussitôt le poignard dans le cœur. Emerenciana connoissoit trop son père pour oser lui désobéir : elle remit le billet, comme à l'ordinaire, entre les mains du page.

Alors Stephani rengaina la dague; mais il

ne quitta point sa fille de toute la journée: il ne la laissa parler à personne en particulier, et fit si bien, que Lizana ne put êtr averti du piège qu'on lui tendoit. Ce jeune homme ne manqua donc pas de se trouver au rendez-vous. A peine fut-il dans la maison de sa maîtresse, qu'il se sentit tout à coup saisi par trois hommes des plus vigoureux, qui le désarmèrent sans qu'il pût s'en défendre, lui mirent un linge dans la bouche pour l'empêcher de crier, lui bandèrent les yeux, et lui lièrent les mains derrière le dos. En même temps ils le portèrent en cet état dans un carrosse préparé pour cela, et dans lequel ils montèrent tous trois pour mieux répondre du cavalier, qu'ils conduisirent à la terre de Stephani, située au village de Miedes, à quatre petites lieues de Siguença. Don Guillem partit un moment après dans un autre carrosse, avec sa fille, deux femmes-de-chambre, et une duègne rébarbative qu'il avoit fait venir chez lui l'aprèsdîné et prise à son service. Il emmena aussi tout le reste de ses gens, à la réserve d'un vieux domestique qui n'avoit aucune connoissance du ravissement de Lizana.

Ils arrivèrent tous avant le jour à Miedes. Le premier soin du seigneur Stephani fut de faire enfermer don Kimen dans une cave voûtée, qui recevoit une foible lumière par un soupirail si étroit qu'un homme n'y pouvoit passer : il ordonna ensuite à Julio, son valet de confiance, de donner pour toute nourriture au prisonnier du pain et de l'eau, pour lit une botte de paille, et de lui dire, chaque fois qu'il lui porteroit à manger : Tiens, lâche suborneur, voilà de quelle manière don Guillem traite ceux qui sont assez hardis pour l'offenser. Ce cruel Sicilien n'en usa pas moins durement avec sa fille : il l'emprisonna dans une chambre qui n'avoit point de vue sur la campagne, lui ôta ses femmes, et lui donna pour geolière la duègne qu'il avoit choisie, duègne sans égale pour tourmenter les filles commises à sa garde.

Il disposa donc ainsi des deux amants. Son intention n'étoit pas de s'en tenir là : il avoit résolu de se défaire de don Kimen ; mais il vouloit tâcher de commettre ce crime impunément, ce qui paroissoit assez difficile. Comme il s'étoit servi de ses valets pour enlever ce cavalier, il ne pouvoit pas se flatter qu'une action sue de tant de monde demeureroit toujours secrète. Que faire donc pour n'avoir rien à démêler avec la justice? Il prit son parti en grand scélérat : il assembla tous ses complices dans un corps-de-logis séparé du château ; il leur témoigna combien il étoit satisfait de leur zèle, et leur dit que, pour le reconnoître, il prétendoit leur donner une bonne somme d'argent après les avoir bien régalés. Il les fit asseoir à une table; et, au milieu du festin, Julio les empoisonna par son ordre ; ensuite le maître et le valet mirent le feu au corps-de-logis; et, avant que les flammes pussent attirer en cet endroit les habitants du village, ils assassinèrent les deux fem-

CHAPITRE IX. 225

mes-de-chambre d'Emerenciana et le petit page dont j'ai parlé, puis ils jetèrent leurs cadavres parmi les autres. Bientôt le corps-de-logis fut enflammé et réduit en cendres, malgré les efforts que les paysans des environs firent pour éteindre l'embrasement. Il falloit voir, pendant ce temps-là, les démonstrations de douleur du Sicilien : il paroissoit inconsolable de la perte de ses domestiques.

S'étant de cette manière assuré de la discrétion des gens qui auroient pu le trahir, il dit à son confident : Mon cher Julio, je suis maintenant tranquille, et je pourrai, quand il me plaira, ôter la vie à don Kimen; mais, avant que je l'immole à mon honneur, je veux jouir du doux contentement de le faire souffrir : la misère et l'horreur d'une longue prison seront plus cruelles pour lui que la mort. Véritablement, Lizana déploroit sans cesse son malheur; et, s'attendant à ne jamais sortir de la cave, il souhaitoit d'être délivré de ses peines par un prompt trépas.

Mais c'étoit en vain que Stephani espéroit avoir l'esprit en repos, après l'exploit qu'il venoit de faire. Une nouvelle inquiétude vint l'agiter au bout de trois jours ; il craignoit que Julio, en portant à manger au prisonnier, ne se laissât gagner par des promesses ; et cette crainte lui fit prendre la résolution de hâter la perte de l'un, et de brûler ensuite la cervelle à l'autre d'un coup de pistolet. Julio, de son côté, n'étoit pas sans défiance ; et jugeant que son maître, après s'être défait de don Kimen, pourroit bien le sacrifier aussi à sa sûreté, conçut le dessein de se sauver une belle nuit, avec tout ce qu'il y avoit dans la maison de plus facile à emporter.

Voilà ce que ces deux honnêtes gens méditoient chacun en son particulier, lorsqu'un jour ils furent surpris l'un et l'autre, à cent pas du château, par quinze ou vingt archers de la Sainte-Hermandad, qui les environnèrent tout à coup en criant : De par le roi et la justice. A cette vue don Guillem pâlit et se

CHAPITRE IX.

troubla : néanmoins, faisant bonne contenance, il demanda au commandant à qui il en vouloit. A vous-même, lui répondit l'officier : on vous accuse d'avoir enlevé don Kimen de Lizana ; je suis chargé de faire dans ce château une exacte recherche de ce cavalier, et de m'assurer même de votre personne. Stephani, par cette réponse, persuadé qu'il étoit perdu, devint furieux : il tira de ses poches deux pistolets, dit qu'il ne souffriroit point qu'on visitât sa maison, et qu'il alloit casser la tête au commandant s'il ne se retiroit promptement avec sa troupe. Le chef de la sainte confrérie, méprisant la menace, s'avança sur le Sicilien, qui lui lâcha un coup de pistolet, et le blessa au visage ; mais cette blessure coûta bientôt la vie au téméraire qui l'avoit faite, car deux ou trois archers firent feu sur lui dans le moment, et le jetèrent par terre roide mort, pour venger leur officier. A l'égard de Julio, il se laissa prendre sans résistance ; et il ne fut pas besoin de l'interroger pour savoir de lui si don Kimen étoit dans le château. Ce valet avoua tout ; mais voyant son maître sans vie, il le chargea de toute l'iniquité.

Enfin il mena le commandant et ses archers à la cave, où ils trouvèrent Lizana couché sur la paille, bien lié et garrotté. Ce malheureux cavalier, qui vivoit dans une attente continuelle de la mort, crut que tant de gens armés n'entroient dans sa prison que pour le faire mourir ; et il fut agréablement surpris d'apprendre que ceux qu'il prenoit pour ses bourreaux étoient ses libérateurs. Après qu'ils l'eurent délié et tiré de la cave, il les remercia de sa délivrance, et leur demanda comment ils avoient su qu'il étoit prisonnier dans ce château. C'est, lui dit le commandant, ce que je vais vous conter en peu de mots.

La nuit de votre enlèvement, poursuivit-il, un de vos ravisseurs, qui avoit une amie à deux pas de chez don Guillem, étant allé lui dire adieu avant son départ pour la campagne, eut l'indiscrétion de lui révéler le projet de Stephani. Cette femme garda le secret pendant deux ou trois jours ; mais comme le bruit de l'incendie arrivé à Miedes se répandit dans la ville de Siguença, et qu'il parut étrange à tout le monde que les domestiques du Sicilien eussent tous péri dans ce malheur, elle se mit dans l'esprit que cet embrasement devoit être l'ouvrage de don Guillem. Ainsi, pour venger son amant, elle alla trouver le seigneur don Felix votre père, et lui dit tout ce qu'elle savoit. Don Felix, effrayé de vous voir à la merci d'un homme capable de tout, mena la femme chez le corrégidor, qui, après l'avoir écoutée, ne douta point que Stephani n'eût envie de vous faire souffrir de longs et cruels tourments, et ne fût le diabolique auteur de l'incendie ; ce que voulant approfondir, ce juge m'a ce matin envoyé ordre, à Retortillo où je fais ma demeure, de monter à cheval, et de me rendre avec ma brigade à ce château ; de vous y chercher, et de prendre don Guillem mort ou vif. Je me suis heureusement acquitté de ma commission pour ce qui vous regarde ; mais je suis fâché de ne pouvoir conduire à Siguença le coupable vivant. Il nous a mis, par sa résistance, dans la nécessité de le tuer.

L'officier ayant parlé de cette sorte, dit à don Kimen : Seigneur cavalier, je vais dresser un procès-verbal de tout ce qui vient de se passer ici ; après quoi nous partirons pour satisfaire l'impatience que vous devez avoir de tirer votre famille de l'inquiétude que vous lui causez. Attendez, seigneur commandant, s'écria Julio dans cet endroit ; je vais vous fournir une nouvelle matière pour grossir votre procès-verbal : vous avez encore une autre personne prisonnière à mettre en liberté. Dona Emerenciana est enfermée dans une chambre obscure, où une duègne impitoyable lui tient sans cesse des discours mortifiants, et ne la laisse pas un moment en repos. O ciel ! dit Lizana, le cruel Stephani ne s'est donc pas contenté d'exercer sur moi sa barbarie : allons promptement

CHAPITRE IX.

délivrer cette dame infortunée de la tyrannie de sa gouvernante.

Là-dessus Julio mena le commandant et don Kimen, suivis de cinq ou six archers, à la chambre qui servoit de prison à la fille de don Guillem : ils frappèrent à la porte, et la duègne vint ouvrir. Vous concevez bien le plaisir que Lizana se faisoit de revoir sa maîtresse, après avoir désespéré de la posséder. Il sentoit renaître son espérance, ou plutôt il ne pouvoit douter de son bonheur, puisque la seule personne qui étoit en droit de s'y opposer ne vivoit plus. Dès qu'il aperçut Emerenciana, il courut se jeter à ses pieds : mais qui pourroit assez exprimer la douleur dont il fut saisi, lorsqu'au lieu de trouver une amante disposée à répondre à ses transports, il ne vit qu'une dame hors de son bon sens ? En effet, elle avoit été tant tourmentée par la duègne, qu'elle en étoit devenue folle. Elle demeura quelque temps rêveuse ; puis s'imaginant tout à coup être la belle Angélique assiégée par les Tar-

tares dans la forteresse d'Albraque, elle regarda tous les hommes qui étoient dans sa chambre comme autant de paladins qui venoient à son secours. Elle prit le chef de la sainte confrérie pour Roland, Lizana pour Brandimar, Julio pour Hubert du Lion, et les archers pour Antifort, Clarion, Adrien, et les deux fils du marquis Olivier. Elle les reçut avec beaucoup de politesse, et leur dit : Braves chevaliers, je ne crains plus à l'heure qu'il est l'empereur Agrican, ni la reine Marphise ; votre valeur est capable de me défendre contre tous les guerriers de l'univers.

A ce discours extravagant, l'officier et ses archers ne purent s'empêcher de rire. Il n'en fut pas de même de don Kimen : vivement affligé de voir sa dame dans une si triste situation pour l'amour de lui, il pensa perdre à son tour le jugement. Il ne laissa pas toutefois de se flatter qu'elle reprendroit l'usage de sa raison; et dans cette espérance : Ma chère Emerenciana, lui dit-il tendrement,

CHAPITRE IX.

reconnoissez Lizana : rappelez votre esprit égaré ; apprenez que nos malheurs sont finis. Le ciel ne veut pas que deux cœurs qu'il a joints soient séparés ; et le père inhumain qui nous a si maltraités ne peut plus nous être contraire.

La réponse que fit à ces paroles la fille du roi Galafron fut encore un discours adressé aux vaillants défenseurs d'Albraque, qui pour le coup n'en rirent point. Le commandant même, quoique très-peu pitoyable de son naturel, sentit quelques mouvements de compassion, et dit à don Kimen, qu'il voyoit accablé de douleur : Seigneur cavalier, ne désespérez point de la guérison de votre dame ; vous avez à Siguença des docteurs en médecine qui pourront en venir à bout par leurs remèdes : mais ne nous arrêtons pas ici plus long-temps. Vous, seigneur Hubert du Lion, ajouta-t-il en parlant à Julio ; vous qui savez où sont les écuries de ce château, menez-y avec vous Antifort et les deux fils du marquis Olivier : choisissez les meilleurs coursiers et les mettez au char de la princesse ; je vais pendant ce temps-là dresser mon procès-verbal.

En disant cela il tira de ses poches une écritoire et du papier ; et, après vous avoir écrit tout ce qu'il voulut, il présenta la main à Angélique pour l'aider à descendre dans la cour, où, par les soins des paladins, il se trouva un carrosse à quatre mules prêt à partir. Il monta dedans avec la dame et don Kimen, et il y fit entrer aussi la duègne, dont il jugea que le corrégidor seroit bien aise d'avoir la déposition. Ce n'est pas tout ; par ordre du chef de la brigade on chargea de chaînes Julio, et on le mit dans un autre carrosse, auprès du corps de don Guillem. Les archers remontèrent ensuite sur leurs chevaux ; après quoi ils prirent tous ensemble la route de Siguença.

La fille de Stephani dit en chemin mille extravagances, qui furent autant de coups de poignard pour son amant. Il ne pouvoit sans colère envisager la duègne. C'est vous, cruelle vieille, lui disoit-il, c'est vous qui, par vos persécutions, avez poussé à bout Emerenciana et troublé son esprit. La gouvernante se justifioit d'un air hypocrite, et donnoit tout le tort au défunt. C'est au seul don Guillem, répondoit-elle, qu'il faut imputer ce malheur : ce père trop rigoureux venoit chaque jour effrayer sa fille par des menaces qui l'ont fait enfin devenir folle.

En arrivant à Siguença, le commandant alla rendre compte de sa commission au corrégidor, qui sur-le-champ interrogea Julio et la duègne, et les envoya dans les prisons de cette ville, où ils sont encore. Ce juge reçut aussi la déposition de Lizana, qui prit ensuite congé de lui pour se retirer chez son père, où il fit succéder la joie à la tristesse et à l'inquiétude. Pour dona Emerenciana, le corrégidor eut soin de la faire conduire à Madrid, où elle avoit un oncle du côté maternel. Ce bon parent, qui ne demandoit pas mieux que d'avoir l'administration du bien de sa nièce, fut nommé son tuteur. Comme il ne pouvoit honnêtement se dispenser de paroître avoir envie qu'elle guérît, il eut recours aux plus fameux médecins : mais il n'eut pas sujet de s'en repentir, car après y avoir perdu leur latin, ils déclarèrent le mal incurable. Sur cette décision, le tuteur n'a pas manqué de faire enfermer ici la pupille, qui, suivant les apparences, y demeurera le reste de ses jours.

La triste destinée ! s'écria don Cleophas; j'en suis véritablement touché : dona Emerenciana méritoit d'être plus heureuse. Et don Kimen, ajouta-t-il, qu'est-il devenu ? je suis curieux de savoir quel parti il a pris. Un fort raisonnable, repartit Asmodée : quand il a vu que le mal étoit sans remède, il est allé dans la nouvelle Espagne : il espère qu'en voyageant il perdra peu à peu le souvenir d'une dame que sa raison et son repos veulent qu'il oublie... Mais, poursuivit le Diable, après vous avoir montré les fous qui sont enfermés, il faut que je vous en fasse voir qui mériteroient de l'être.

CHAPITRE X.

Dont la matière est inépuisable.

Regardons du côté de la ville, et à mesure que je découvrirai des sujets dignes d'être mis au nombre de ceux qui sont ici, je vous en dirai le caractère. J'en vois déjà un que je ne veux pas laisser échapper : c'est un nouveau marié. Il y a huit jours que, sur le rapport qu'on lui fit des coquetteries d'une aventurière qu'il aimoit, il alla chez elle plein de fureur, brisa une partie de ses meubles, jeta les autres par les fenêtres, et le lendemain il l'épousa. Un homme de la sorte, dit Zambullo, mérite assurément la première place vacante dans cette maison.

Il a un voisin, reprit le boiteux, que je ne trouve pas plus sage que lui : c'est un garçon de quarante-cinq ans, qui a de quoi vivre, et qui veut se mettre au service d'un grand. J'aperçois la veuve d'un jurisconsulte. La bonne dame a douze lustres accomplis : son mari vient de mourir ; elle veut se retirer dans un couvent, afin, dit-elle, que sa réputation soit à l'abri de la médisance.

Je découvre aussi deux pucelles, ou, pour mieux dire, deux filles de cinquante ans : elles font des vœux au ciel pour qu'il ait la bonté d'appeler leur père, qui les tient enfermées comme des mineures ; elles espèrent qu'après sa mort elle trouveront de jolis hommes qui les épouseront par inclination. Pourquoi non ? dit l'écolier ; il y a des hommes d'un goût si bizarre ! J'en demeure d'accord, répondit Asmodée : elles peuvent trouver des épouseurs, mais elles ne doivent pas s'en flatter ; c'est en cela que consiste leur folie.

Il n'y a point de pays où les femmes se rendent justice sur leur âge. Il y a un mois qu'à Paris une fille de quarante-huit ans, et une femme de soixante-neuf, allèrent

CHAPITRE X.

en témoignage chez un commissaire pour une veuve de leurs amies dont on attaquoit la vertu. Le commissaire interrogea d'abord la femme mariée, et lui demanda son âge : quoiqu'elle eût son extrait baptistaire écrit sur son front, elle ne laissa pas de dire hardiment qu'elle n'avoit que quarante ans. Après qu'il l'eut interrogée, il s'adresse à la fille : Et vous, mademoiselle, lui dit-il, quel âge avez-vous ? Passons aux autres questions, monsieur le commissaire, lui répondit-elle ; on ne doit point nous demander cela. Vous n'y pensez pas, reprit-il ; ignorez-vous qu'en justice..... Oh ! il n'y a justice qui tienne, interrompit brusquement la fille ; eh ! qu'importe à la justice de savoir quel âge j'ai ? Ce ne sont pas ses affaires. Mais je ne puis recevoir, dit-il, votre déposition si votre âge n'y est pas ; c'est une circonstance requise. Si cela est absolument nécessaire, répliqua-t-elle, regardez-moi donc avec attention, et mettez mon âge en conscience.

Le commissaire la considéra, et fut assez poli pour ne marquer que vingt-huit ans. Il lui demanda ensuite si elle connoissoit la veuve depuis long-temps. Avant son mariage, répondit-elle. J'ai donc mal coté votre âge, reprit-il, car je ne vous ai donné que vingt-huit ans, et il y en a vingt-neuf que la veuve est mariée. Hé bien! s'écria la fille, écrivez donc que j'en ai trente : j'ai pu à un an connoître la veuve. Cela ne seroit pas régulier, répliqua-t-il; ajoutons-en une douzaine. Non pas, s'il vous plaît, dit-elle ; tout ce que je puis faire pour contenter la justice, c'est d'y mettre encore une année; mais je n'y mettrai pas un mois avec, quand il s'agiroit de mon honneur.

Lorsque les deux déposantes furent sorties de chez le commissaire, la femme dit à la fille : Admirez, je vous prie, ce nigaud, qui nous croit assez sottes pour lui aller dire notre âge au juste; c'est bien assez vraiment qu'il soit marqué sur les registres de nos paroisses, sans qu'il l'écrive encore sur ses

papiers, afin que tout le monde en soit instruit. Ne seroit-il pas bien gracieux pour nous d'entendre lire en plein barreau : « Ma-
» dame Richard, âgée de soixante et tant
» d'années, et mademoiselle Perinelle, âgée
» de quarante-cinq ans, déposent telles et
» telles choses. » Pour moi je me moque de cela ; j'ai supprimé vingt années, à bon compte : vous avez fort bien fait d'en user de même.

Qu'appelez-vous de même, répondit la fille d'un ton brusque? je suis votre servante; je n'ai tout au plus que trente-cinq ans. Hé! ma petite, répliqua l'autre d'un air malin, à qui le dites-vous ? Je vous ai vu naître; je parle de long-temps; je me souviens d'avoir vu votre père : lorsqu'il mourut il n'étoit pas jeune, et il y a près de quarante ans qu'il est mort. Oh! mon père, mon père, interrompit avec précipitation la fille, irritée de la franchise de la femme; quand mon père épousa ma mère, il étoit déjà si vieux, qu'il ne pouvoit plus faire d'enfants.

Je remarque dans une maison, poursuivit l'esprit, deux hommes qui ne sont pas raisonnables. L'un est un enfant de famille qui ne sauroit garder d'argent, ni s'en passer. Il a trouvé un bon moyen d'en avoir toujours. Quand il est en fonds, il achète des livres, et dès qu'il est à sec, il s'en défait pour la moitié de ce qu'ils lui ont coûté. L'autre est un peintre étranger qui fait des portraits de femmes : il est habile, il dessine correctement, il peint à merveille, et attrape la ressemblance ; mais il ne flatte point, et il s'imagine qu'il aura la presse. *Inter stultos referatur.*

Comment donc, dit l'écolier, vous parlez latin ! Cela doit-il vous étonner, répondit le Diable ? je parle parfaitement toutes sortes de langues : je sais l'hébreu, le turc, l'arabe et le grec ; cependant je n'en ai pas l'esprit plus orgueilleux ni plus pédantesque : j'ai cet avantage sur vos érudits.

Voyez, dans ce grand hôtel, à main gauche, une dame malade, qu'entourent plusieurs femmes qui la veillent : c'est la

CHAPITRE X.

veuve d'un riche et fameux architecte, une femme entêtée de noblesse. Elle vient de faire son testament : elle a des biens immenses qu'elle donne à des personnes de la première qualité, qui ne la connoissent seulement pas : elle leur fait des legs à cause de leurs grands noms. On lui a demandé si elle ne vouloit rien laisser à un certain homme qui lui a rendu des services considérables. Hélas ! non, a-t-elle répondu d'un air triste, et j'en suis fâchée : je ne suis point assez ingrate pour refuser d'avouer que je lui ai beaucoup d'obligation ; mais il est roturier, son nom déshonoreroit mon testament.

Seigneur Asmodée, interrompit Leandro, apprenez-moi, de grace, si ce vieillard que je vois occupé à lire dans un cabinet ne seroit point par hasard un homme à mériter d'être ici. Il le mériteroit sans doute, répondit le démon : ce personnage est un vieux licencié qui lit une épreuve d'un livre qu'il a sous la presse. C'est apparemment quelque ouvrage de morale ou de théologie ? dit don

Cleophas. Non, repartit le boiteux, ce sont des poésies gaillardes qu'il a composées dans sa jeunesse. Au lieu de les brûler, ou du moins de les laisser périr avec lui, il les fait imprimer de son vivant, de peur qu'après sa mort ses héritiers ne soient tentés de les mettre au jour, et que, par respect pour son caractère, ils n'en ôtent tout le sel et l'agrément.

J'aurois tort d'oublier une petite femme qui demeure chez ce licencié : elle est si persuadée qu'elle plaît aux hommes, qu'elle met tous ceux qui lui parlent au nombre de ses amants.

Mais venons à un riche chanoine que je vois à deux pas de là; il a une folie fort singulière : s'il vit frugalement, ce n'est ni par mortification, ni par sobriété; s'il se passe d'équipage, ce n'est point par avarice. Hé! pourquoi donc ménage-t-il son revenu? C'est pour amasser de l'argent. Qu'en veut-il faire? des aumônes? Non : il achète des tableaux, des meubles précieux, des bijoux.

CHAPITRE X.

Et vous croyez que c'est pour en jouir pendant sa vie ? vous vous trompez ; c'est uniquement pour en parer son inventaire.

Ce que vous dites est outré, interrompit Zambullo : y a-t-il au monde un homme de ce caractère-là ? Oui, vous dis-je, reprit le Diable, il a cette manie : il se fait un plaisir de penser qu'on admirera son inventaire. A-t-il acheté, par exemple, un beau bureau ? il le fait empaqueter proprement, et serrer dans un garde-meuble, afin qu'il paroisse tout neuf aux yeux des fripiers qui viendront le marchander après sa mort.

Passons à un de ses voisins que vous ne trouverez pas moins fou : c'est un vieux garçon venu depuis peu des îles Philippines à Madrid, avec une riche succession que son père, qui étoit auditeur de l'audience de Madrid, lui a laissée. Sa conduite est assez extraordinaire : on le voit toute la journée dans les antichambres du roi et du premier ministre. Ne le prenez pas pour un ambitieux qui brigue quelque charge importante; il n'en souhaite aucune, et ne demande rien. Hé quoi ! me direz-vous, il n'iroit dans cet endroit-là simplement que pour faire sa cour? Encore moins, il ne parle jamais au ministre; il n'en est pas même connu, et ne se soucie nullement de l'être. Quel est donc son but ? Le voici : il voudroit persuader qu'il a du crédit.

Le plaisant original ! s'écria l'écolier en éclatant de rire ; c'est se donner bien de la peine pour peu de chose ; vous avez raison de le mettre au rang des fous à enfermer. Oh ! reprit Asmodée, je vais vous en montrer beaucoup d'autres qu'il ne seroit pas juste de croire plus sensés. Considérez dans cette grande maison, où vous apercevez tant de bougies allumées, trois hommes et deux femmes autour d'une table : ils ont soupé ensemble, et jouent présentement aux cartes, pour achever de passer la nuit ; après quoi ils se sépareront. Telle est la vie que mènent ces dames et ces cavaliers : ils s'assemblent régulièrement tous les soirs, et se quittent

CHAPITRE X.

au lever de l'aurore, pour aller dormir jusqu'à ce que les ténèbres reviennent chasser le jour. Ils ont renoncé à la vue du soleil et des beautés de la nature. Ne diroit-on pas, à les voir ainsi environnés de flambeaux, que ce sont des morts qui attendent qu'on leur rende les derniers devoirs ? Il n'est pas besoin d'enfermer ces fous-là, dit don Cleophas; ils le sont déjà.

Je vois dans les bras du sommeil, reprit le boiteux, un homme que j'aime, et qui m'affectionne aussi beaucoup, un sujet pétri d'une pâte de ma façon : c'est un vieux bachelier qui idolâtre le beau sexe. Vous ne sauriez lui parler d'une jolie dame, sans remarquer qu'il vous écoute avec un extrême plaisir : si vous lui dites qu'elle a une petite bouche, des lèvres vermeilles, des dents d'ivoire, un teint d'albâtre; en un mot, si vous la lui peignez en détail, il soupire à chaque trait, il tourne les yeux, il lui prend des élans de volupté. Il y a deux jours, qu'en passant dans la rue d'Alcala devant la boutique d'un cordonnier de femme, il s'arrêta tout court pour regarder une petite pantoufle qu'il y aperçut. Après l'avoir considérée avec plus d'attention qu'elle n'en méritoit, il dit d'un air pâmé à un cavalier qui l'accompagnoit : Ah ! mon ami, voilà une pantoufle qui m'enchante l'imagination ! Que le pied pour lequel on l'a faite doit être mignon ! Je prends trop de plaisir à la voir ; éloignons-nous promptement, il y a du péril à passer par ici.

Il faut marquer de noir ce bachelier-là, dit Leandro Perez. C'est juger sainement de lui, reprit le Diable, et l'on ne doit pas non plus marquer de blanc son plus proche voisin, un original d'auditeur, qui, parce qu'il a un équipage, rougit de honte quand il est obligé de se servir d'un carrosse de louage. Faisons une accolade de cet auditeur avec un licencié de ses parents, qui possède une dignité d'un grand revenu dans une église de Madrid, et qui va presque toujours en carrosse de louage pour en ménager deux

CHAPITRE X.

fort propres et quatre belles mules qu'il a chez lui.

Je découvre, dans le voisinage de l'auditeur et du bachelier, un homme à qui l'on ne peut, sans injustice, refuser une place parmi les fous. C'est un cavalier de soixante ans qui fait l'amour à une jeune femme : il la voit tous les jours, et croit lui plaire en l'entretenant des bonnes fortunes qu'il a eues dans ses beaux jours ; il veut qu'elle lui tienne compte d'avoir autrefois été aimable.

Mettons avec ce vieillard un autre qui repose à dix pas de nous ; un comte françois qui est venu à Madrid pour voir la cour d'Espagne. Ce vieux seigneur est dans son quatorzième lustre ; il a brillé dans ses belles années à la cour de son roi : tout le monde y admiroit jadis sa taille, son air galant, et l'on étoit surtout charmé du goût qu'il y avoit dans la manière dont il s'habilloit. Il a conservé tous ses habits, et il les porte depuis cinquante ans, en dépit de la mode qui change tous les jours dans son pays ;

mais ce qu'il y a de plus plaisant, c'est qu'il s'imagine avoir encore aujourd'hui les mêmes graces qu'on lui trouvoit dans sa jeunesse.

Il n'y a point à hésiter, dit don Cleophass plaçons ce seigneur françois parmi les personnes qui sont dignes d'être pensionnaires dans *la casa de los locos*. J'y retiens une loge, reprit le démon, pour une dame qui demeure dans un grenier à côté de l'hôtel du comte : c'est une vieille veuve qui, par un excès de tendresse pour ses enfants, a eu la bonté de leur faire une donation de tous ses biens, moyennant une petite pension alimentaire que lesdits enfants sont obligés de lui faire, et que, par reconnoissance, ils ont grand soin de ne lui pas payer.

J'y veux envoyer aussi un vieux garçon de bonne famille, lequel n'a pas plus tôt un ducat qu'il le dépense, et qui, ne pouvant se passer d'espèces, est capable de tout faire pour en avoir. Il y a quinze jours que sa blanchisseuse, à qui il devoit trente pistoles,

CHAPITRE X.

vint les lui demander, en disant qu'elle en avoit besoin pour se marier à un valet-de-chambre qui la recherchoit. Tu as donc d'autre argent, lui dit-il ; car où diable est le valet-de-chambre qui voudra devenir ton mari pour trente pistoles ? Hé ! mais, répondit-elle, j'ai encore outre cela deux cents ducats. Deux cents ducats ! répliqua-t-il avec émotion, malepeste ! Tu n'as qu'à me les donner à moi, je t'épouse, et nous voilà quitte à quitte. Il fut pris au mot, et sa blanchisseuse est devenue sa femme.

Retenons trois places pour ces trois personnes qui reviennent de souper en ville, et qui rentrent dans cet hôtel à main droite, où elles font leur résidence. L'un est un comte, qui se pique d'aimer les belles-lettres; l'autre est son frère le licencié ; et le troisième, un bel esprit attaché à eux. Ils ne se quittent presque point : ils vont tous trois ensemble partout en visite. Le comte n'a soin que de se louer ; son frère le loue et se loue aussi lui-même ; mais le bel esprit est chargé de trois soins, de les louer tous deux, et de mêler ses louanges avec les leurs.

Encore deux places, l'une pour un vieux bourgeois fleuriste qui, n'ayant pas de quoi vivre, veut entretenir un jardinier et une jardinière, pour avoir soin d'une douzaine de fleurs qu'il a dans son jardin; l'autre, pour un histrion qui, plaignant les désagréments attachés à la vie comique, disoit l'autre jour à quelques-uns de ses camarades : Ma foi, mes amis, je suis bien dégoûté de la profession; oui, j'aimerois mieux n'être qu'un petit gentilhomme de campagne de mille ducats de rente.

De quelque côté que je tourne la vue, continua l'esprit, je ne découvre que des cerveaux malades. J'aperçois un chevalier de Calatrava, qui est si fier et si vain d'avoir des entretiens secrets avec la fille d'un grand, qu'il se croit de niveau avec les premières personnes de la cour. Il ressemble à Villius, qui s'imaginoit être gendre de Sylla, parce qu'il étoit bien avec la fille de ce dictateur :

CHAPITRE X.

cette comparaison est d'autant plus juste, que ce chevalier a, comme le Romain, un *Longarenus*, c'est-à-dire un rival de néant, qui est encore plus favorisé que lui.

On diroit que les mêmes hommes renaissent de temps en temps sous de nouveaux traits. Je reconnois, dans ce commis de ministre, Bollanus, qui ne gardoit de mesures avec personne, et qui rompoit en visière à tous ceux dont l'abord lui étoit désagréable. Je revois, dans ce vieux président, Fufidius, qui prêtoit son argent à cinq pour cent par mois ; et Marsœus, qui donna sa maison paternelle à la comédienne Origot, revit dans ce garçon de famille qui mange avec une femme de théâtre une maison de campagne qu'il a près de l'Escurial.

Asmodée alloit poursuivre ; mais comme il entendit tout à coup accorder des instruments de musique, il s'arrêta, et dit à don Cleophas: Il y a au bout de cette rue des musiciens qui vont donner une sérénade à la fille d'un alcade de corte : si vous voulez voir cette fête de près, vous n'avez qu'à parler. J'aime fort ces sortes de concerts, répondit Zambullo; approchons-nous de ces symphonistes, peut-être y a-t-il des voix parmi eux. Il n'eut pas achevé ces mots, qu'il se trouva sur une maison voisine de l'alcade.

Les joueurs d'instruments jouèrent d'abord quelques airs italiens; après quoi, deux chanteurs chantèrent alternativement les couplets suivants :

> Si de tu hermosura quieres
> Una copia con mil gracias,
> Escucha, porque pretendo
> El pintarla.

> Es tu frente tota nieve
> Y el alabastro, batallas
> Offreciò al Amor, haziendo
> En ella vaya.

> Amor labrò de tus cejas
> Dos arcos para su aljava;
> Y debaxò ha descubierto
> Quien le mata.

CHAPITRE X.

> Eres duena de el lugar,
> Vandolera de las almas,
> Iman de los alvedrios,
> Linda alhaja.

> Un rasgo de tu hermosura
> Quisiera yo retratarla.
> Que es estrella, es cielo, es sol ;
> No es sino el alva.

Si vous voulez une copie de vos graces et de votre beauté, écoutez-moi, car je prétends en faire le portrait.

Votre visage, tout de neige et d'albâtre, a fait des défits à l'Amour, qui se moquoit de lui.

L'Amour a fait de vos sourcils deux arcs pour son carquois ; mais il a découvert le dessous qui le tue.

Vous êtes souveraine de ce séjour, la voleuse des cœurs, l'aimant des désirs, un joli bijou.

Je voudrois d'un seul trait peindre votre beauté : c'est une étoile, un ciel, un soleil, non, ce n'est qu'une aurore.

Les couplets sont galants et délicats, s'écria l'écolier. Ils vous semblent tels, dit le démon, parce que vous êtes Espagnol : s'ils étoient traduits en françois, par exemple, ils ne jetteroient pas un trop beau coton ; les lecteurs de cette nation n'en approuveroient pas les expressions figurées, et y trouveroient une bizarrerie d'imagination qui les feroit rire. Chaque peuple est entêté de son goût et de son génie : mais laissons là ces couplets, continua-t-il; vous allez entendre une autre musique.

Suivez de l'œil ces quatre hommes qui paroissent subitement dans la rue : les voici qui viennent fondre sur les symphonistes. Ceux-ci se font des boucliers de leurs instruments, lesquels, ne pouvant résister à la force des coups, volent en éclats. Voyez arriver à leur secours deux cavaliers, dont l'un est le patron de la sérénade. Avec quelle furie ils chargent les agresseurs ! Mais ces derniers, qui les égalent en adresse et en valeur, les reçoivent de bonne grace. Quel feu sort de leurs épées! Remarquez qu'un défenseur de la symphonie tombe; c'est celui qui a donné le concert ; il est mortellement blessé. Son compagnon, qui s'en aperçoit, prend la

CHAPITRE X.

fuite ; les agresseurs, de leur côté, se sauvent, et tous les musiciens disparoissent ; il ne reste sur la place que l'infortuné cavalier, dont la mort est le prix de sa sérénade. Considérez en même temps la fille de l'alcade : elle est à sa jalousie, d'où elle a observé tout ce qui vient de se passer : cette dame est si fière et si vaine de sa beauté, quoiqu'assez commune, qu'au lieu d'en déplorer les effets funestes, la cruelle s'en applaudit, et s'en croit plus aimable.

Ce n'est pas tout, ajouta-t-il ; regardez un autre cavalier qui s'arrête dans la rue auprès de celui qui est noyé dans son sang, pour le secourir, s'il est possible ; mais pendant qu'il s'occupe d'un soin si charitable, prenez garde qu'il est surpris par la ronde qui survient : la voilà qui le mène en prison, où il demeurera long-temps, et il ne lui en coûtera guère moins que s'il étoit le meurtrier du mort.

Que de malheurs il arrive cette nuit ! dit Zambullo. Celui-ci, reprit le Diable, ne sera pas le dernier. Si vous étiez présentement à la porte du Soleil, vous seriez effrayé d'un spectacle qui s'y prépare. Par la négligence d'un domestique, le feu est dans un hôtel, où il a déjà réduit en cendres beaucoup de meubles précieux; mais, quelque riches effets qu'il puisse consumer, don Pedre de Escolano, à qui appartient cet hôtel magnifique, n'en regrettera point la perte, s'il peut sauver Séraphine, sa fille unique, qui se trouve en danger de périr.

Don Cleophas souhaita de voir cet incendie, et le boiteux le transporta dans l'instant même à la porte du Soleil, sur une grande maison qui faisoit face à celle où étoit le feu.

FIN DU PREMIER VOLUME.

TABLE.

Notice sur Le Sage, pag. v

CHAPITRE I. *Quel diable c'est que le Diable boiteux. Où et par quel hasard don Cleophas Leandro Perez Zambullo fit connoissance avec lui,* 1

CHAP. II. *Suite de la délivrance d'Asmodée,* 14

CHAP. III. *Dans quel endroit le Diable boiteux transporta l'écolier, et des premières choses qu'il lui fit voir,* 19

CHAP. IV. *Histoire des amours du comte de Belflor et de Léonor de Cespèdes,* 41

CHAP. V. *Suite et conclusion des amours du comte de Belflor,* 84

CHAP. VI. *Des nouvelles choses que vit don Cleophas, et de quelle manière il fut vengé de dona Thomasa,* 119

CHAP. VII. *Des prisonniers,* 132

CHAP. VIII. *Asmodée montre à don Cléophas plusieurs personnes, et lui révèle les actions qu'elles ont faites dans la journée,* 168

CHAP. IX. *Des fous enfermés,* 195

CHAP. X. *Dont la matière est inépuisable,* 237

Fin de la table du tome premier.

www.ingramcontent.com/pod-product-compliance
Lightning Source LLC
Chambersburg PA
CBHW050652170426
43200CB00008B/1255